Das war's dachte ich zweimal

Was kommt noch?

Erlebnisse und Erleiden mit Pankreastumor und
Lungenmetastasen

Anneli Schneider

© 2021 Anneli Schneider

Umschlaggestaltung, Illustration: Marina Rudolph

Verlag & Druck: tredition GmbH, Halenreie 40-44, 22359 Hamburg

978-3-347-29189-8 (Paperback)
978-3-347-29190-4 (Hardcover)
978-3-347-29191-1 (e-Book)

Bibliografische Information der Deutschen Nationalbibliothek: Die Deutsche Nationalbibliothek verzeichnet diese Publikation in der Deutschen Nationalbibliografie; detaillierte bibliografische Daten sind im Internet über http://dnb.dnb.de abrufbar.

Es gibt keinen Augenblick in unserem Leben, indem
wir nicht einen neuen Weg einschlagen!

Es ist nie zu spät, etwas Neues anzufangen.

Inhaltsverzeichnis

1. In eigener Sache

Hörgeräte sind keine neuen Ohren

Ich bitte alle Doktoren, Krankenschwestern, medizinische Assistenten und Personal um mehr Verständnis mit Patienten, die hörgeschädigt sind.

Die Erfahrung, die ich gemacht habe, zeigt, dass man sehr gedankenlos mit Patienten umgeht, die an Schwerhörigkeit leiden.

Fragt man nochmal nach, weil man etwas nicht richtig verstanden hat, schreit die Person, mit der man spricht und das hilft absolut nicht.

Die Akustik ist schlecht in den hohen Räumen, wie man sie häufig in Krankenhäusern findet. Wenn das Fenster noch geöffnet ist und Lärm hereindringt, geht viel von dem Gespräch verloren.

Man wird unsicher und versteht überhaupt nichts mehr. Ich habe mal einem Arzt gesagt, er möchte doch langsam und deutlich reden, und siehe da, es klappte.

Ist doch eigentlich ganz einfach.

Bitte kommen Sie doch Patienten mit Hörverlust entgegen. Es geht darum, das Gesagte zu verfolgen, es ist zu wichtig, wenn man nichts verstehen kann und viel verloren geht.

Bitte nicht in die Ecke sprechen oder gegen die Wand, auch nicht in den Schrank oder Patienten zukehren. Dann klappt es mit der Verständigung.

Bitte denken Sie in Zukunft daran.

2. Das Leben ist ein Sandsturm

Ich sehe sehr gerne Fußballmeisterschaften.

Spanien hat einen sehr erfolgreichen Nationaltorwart. Er war sehr erfolgreich und hat viele Siege errungen.

Es ist Iker Casillas. Plötzlich erlitt er beim Training einen Herzinfarkt, Herzattacke.

Gerade mal nach vier Wochen trifft seine Familie der nächste Schicksalsschlag. Casillas Frau Sarah ist ein Eierstockkrebs erkrankt. Der Tumor wurde operiert, aber ihr stand noch ein Kampf gegen die bösartige Erkrankung bevor. Chemotherapie folgte.

Sie schrieb in das soziale Netzwerk einen Post, in dem sie alle daran erinnerte, jeden Moment des Lebens als kostbar zu betrachten.

Sie postete kurz nach ihrem Eingriff ein Zitat des japanischen Autors Haruki Murakami auf Instagram. Dort vergleicht er das Leben mit einem Sandsturm, von dem man nie wissen kann, ob er vorbei ist.

Die Botschaft hat mich sehr bewegt. Es ist zutreffend, was man alles erleiden muss mit der Behandlung dieser furchtbaren Krankheit.

Die Chemo ist eine Prozedur für den Körper. Man setzt auf die Hoffnung, dass es vorbei ist. Der Sandsturm.

3. Einleitung

Es war Februar 2018. Wir hatten gerade gemeinsam mit meinem Sohn und seiner Familie die Flugreise nach Denia/Spanien gebucht. Wir waren voller Freude gemeinsam dort Wärme und Sonne genießen zu können. Da gibt es viel Spaß, mein Enkel war 10 Monate und wir konnten uns wiedersehen.

Seit 20 Jahren haben wir dort ein kleines Appartement. Im Süden geht es mir gesundheitlich besser, das Klima wirkt sich auf die Schmerzen, die ich in Deutschland ständig habe, wohltuend aus.

Wir wohnen dort in einer sehr schönen kleinen Anlage, die über zwei Pools verfügt und sehr gepflegt ist. Ein Garten mit Palmen und Blumen wie z. B. blühender Hibiskus und Oleander.

Nicht weit vom Meer, 15 Minuten zu Fuß, und wir können das Meer auch von unserer Wohnung teilweise sehen.

Vom Balkon aus kann ich den gewaltigen, majestätischen Montgo sehen, je nach Stand der Sonne immer in einer anderen Beleuchtung und ich genieße jeden Morgen diesen wunderschönen Ausblick.

Die Häuser der Anlage sind nur einstöckig und etwas versetzt mit Terrasse oder Balkon.

Hier wohnen Spanier oder haben ihren Ferienwohnsitz dort.

Auch Engländer, Franzosen, Niederländer und Belgier sowie Deutsche haben hier ihren Feriensitz.

Die Anlage ist überschaubar und jeder kennt jeden. Wenn man ankommt, ruft es aus allen Ecken »Bienvenidos!« – »willkommen!« Und man wird umarmt mit *muchus besos* – Küsschen rechts und links.

Da war noch kein Corona.

Die Stadt Denia ist nicht weit, man kann gut zu Fuß gehen, aber auch ein Bus fährt von dort zum Hafen.

Hier fahren die Fähren – *Balearia* – nach Mallorca und Ibiza. Auch erreicht man vom Hafen die Einkaufsmeile – *Marques de Campo* – hier gibt es alles, was das Herz begehrt und Köstlichkeiten für den Gaumen.

Restaurants, Eisdielen, Geschäfte, Boutiquen, Banken. Man trifft sich und plaudert miteinander. Freitags ist Markt, direkt vor der Markthalle, die ist jeden Tag geöffnet, auch deutsche Lebensmittel sind erhältlich.

In der Altstadt ist der Placa St. Antonio, ein Treffpunkt für alle in gemütlicher Atmosphäre und man muss die leckeren Tapas probieren, die es in ausreichender Auswahl gibt, dazu einen Drink oder ein Bier – *Cerveza* -. Kommt man öfter, wird man herzlich begrüßt, die spanische Mentalität ist herzlich und freundlich.

Eine Burg befindet sich im Ortsteil mit herrlichem Rundblick und schattigen Plätzen unter Bäumen. Baden kann man in Las Marinas mit langem Sandstrand und in Las Rotas, Kiesstrand, und am Ende Felsen, die an den nächsten Ort Javea grenzen. Es gibt also alles, was man sucht und finden kann.

Hier wollten wir gemeinsam schöne Ferientage erleben und wir freuten uns sehr darauf.

Denia auf der Landkarte
- ein Kleinod am
Balearenmeer

13

Unsere traumhafte Wohnanlage in Denia

Ich mit Meer und Wüste

Wir in Denia

Ich in Denia

4. Wie alles begann

Ja, also, wir hatten gerade unseren Flug gebucht, ich wusste noch nicht, was auf mich zukommen sollte.

Eines Morgens wunderte ich mich über zwei Beulen am Unterschenkel.

»Das zeige ich mal meinem Hausarzt«, sagte ich zu meinem Mann.

Der Hausarzt machte erstmal eine Kontrolle der Blutwerte und untersuchte den Rheumafaktor. Am nächsten bekam ich einen Anruf aus der Praxis, ich solle um 10 Uhr kommen.

»Was ist los?«, fragte ich und bekam nur zur Antwort, der Arzt wolle mich dringend sehen. Ein komisches Gefühl beschlich mich.

Der Arzt machte Ultraschall und teilte mir mit, meine Lipase Werte seien erhöht, das beträfe die Bauchspeicheldrüse. Ich müsse in die Klinik.

»Nein, auf keinen Fall, ich möchte mit meiner Familie nach Spanien«, sagte ich.

Doch der Arzt hatte schon das Telefon in der Hand. »Das wird vorher gemacht«, sagte er.

Er nannte mir einen Termin, an dem ich dort zur Anmeldung erscheinen sollte.

Am 28.02.2018 wurde ich in der Klinik aufgenommen. Im Aufenthaltsraum waren noch einige

Patienten und wir warteten auf die Einteilung und unsere Zimmer.

Doch die Mitarbeiter, die für das Bettenmachen zuständig waren, waren noch nicht da, und es dauerte sehr lange, es geschah nichts.

Es wurde Mittagessen ausgeteilt, und ich fragte, ob ich auch etwas essen kann. Die Schwester schaute nach und hatte noch etwas übrig und auch die anderen bekamen Mittagessen.

Dann kam ein Assistenzarzt und ich wurde aufgerufen. Er stellte viele Fragen zu meinem Befinden und Gesundheitszustand. Am Ende sagte er, ich wäre kerngesund.

»Das ist ja prima, dann kann ich ja wieder gehen«, sagte ich. Aber damit war er nicht einverstanden.

Endlich bekam ich mein Bett zugeteilt.

Am nächsten Tag war Blutabnahme und es wurde eine Endosonographie vorgenommen, da wurde unter Narkose ein Schlauch durch den Mund geführt bis in die Gallengänge.

Der behandelnde Arzt kam danach ans Bett und ich fragte, ob er einen Tumor gefunden hätte.

»Kein Tumor gesichtet«, war die Antwort und ich war zunächst einmal erleichtert.

Bei der Visite am nächsten Tag erfuhr ich, dass eine verhärtete Zyste an der Pankreas zu sehen war.

Aber die saß so doof, dass man nicht dran kam, um eine Punktion vorzunehmen, teilte man mir mit. Dann bekam ich einen Termin zum CT. Dort wurden einige Vorbereitungen vorgenommen. Da ich bisher noch kein CT hatte, wurden mir viele Kontrastmittel verabreicht.

An der Röhre wurde mir gesagt, wann ich einatmen und wann ich ausatmen soll und plötzlich fragte die Ärztin: »Fühlen Sie sich nicht wohl?«

Ich antwortete, dass ich mich komisch fühlte.

Sofort wurde ich aus der Röhre gefahren und es ging auch schon los, wie ein Wasserfall kam alles raus, was ich vorher trinken musste.

Es herrschte große Aufregung und mein Blutdruck war auf 180.

Man sagte mir, ich solle ganz ruhig bleiben, man würde mich gleich mit meinem Bett abholen, es wurde auf der Station angerufen.

Da hörte ich die Ärztin schreien, eine Schwester war mit Pfleger gekommen, aber ohne Bett. Also warten auf das Bett, die Zeit verging. Mein Blutdruck war noch immer hoch.

Endlich war mein Bett da und in der Radiologie konnte es weitergehen, es kam alles in das Stocken.

Auf der Station angekommen, bekam ich ständig Tropfen wegen dem hohen Blutdruck und nach einiger Zeit ging dann auch runter und es ging mir wieder besser.

5. Die Behandlung nimmt kein Ende

Jetzt stiegen die Leberwerte enorm. Hepatitis Untersuchungen wurden vorgenommen, alle, die es gibt, das dauerte mit der Auswertung. Auch Autoimmunhepatitis wurde untersucht. War ja eigentlich gut, doch die Suche ging weiter, warum so hohe Leberwerte?

Es wurde wieder die Endosonographie vorgenommen; wieder Schlauchschlucken. Steinextraktionen wurden aus dem Gallengang entfernt und ein Stent eingesetzt, damit die Gallenflüssigkeit abfließen kann und nicht zurückdrückt.

In der Galle befand sich Sludge, etwa wie Schlamm und Steinchen darin, der Arzt hatte mir empfohlen, die Galle zu entfernen. Bloß raus damit, ich wollte endlich meine Ruhe haben.

Aber es passte nicht mehr alles zusammen, der Spanienurlaub rückte in die Ferne, es war schmerzhaft. Hatte ich doch gehofft, dass bis zum Abflug wieder alles in Ordnung ist. Pustekuchen! Wie bringe ich jetzt meinem Sohn bei, dass alles ins Wasser fällt. Das hatte keiner eingeplant, wir freuten uns doch alle so sehr darauf.

Mein Sohn sagte: »Wenn du nicht kannst, dann wollen wir auch nicht.« Er stornierte seinen Flug.

Er wusste, wie sehr ich leiden würden, wenn ich in Spanien nicht mit dabei sein konnte.

Was folgten, waren Tage voller Ungewissheit und Zweifel. War ich krank? Und wenn ja, wie sehr? Wie würde es jetzt weitergehen?

Für das Erste wurde ich entlassen aus der Klinik und bekam den Termin zur OP, die in einigen Tagen vorgenommen wurde.

Zu meiner Freude kam mein Sohn mit seiner Familie nach Wuppertal. Wenn wir uns schon nicht in Denia sehen können, dann eben in Wuppertal, waren seine Worte.

Es waren sehr schöne Tage zusammen, da sorgte mein kleiner Enkel schon dafür. Ich konnte Kraft schöpfen.

Besuch in Wuppertal/Enkel Eric

Besuch in Wuppertal

Wir fuhren gemeinsam zur Besprechung in die Klinik. Ich wurde wegen der bevorstehenden OP aufgeklärt. Am nächsten Tag sollte ich nüchtern um 6 Uhr früh dort sein und mein Sohn hat mich mit meinem Mann hingefahren.

Da ging es Schlag auf Schlag. Ich musste mich entkleiden und bekam eine Unterhose und den berühmten OP Kittel, das sollte ich anziehen. Alle meine Sachen wurden in einen Plastiksack gesteckt und man wollte dies dann auf Station bringen, wo ich dann nach der OP sein wurde. Schon wurde ich in den OP Saal gefahren und ein freundlicher Narkosearzt klärte mich über alles auf.

Als ich wieder wach wurde, fragte ich gleich nach meinen Hörgeräten, die ich vorher abgeben musste. Es war ein schreckliches Gefühl, so von der Welt abgeschnitten zu sein.

Auf Station hatte man erstmal ein Ersatzzimmer für mich, in dem Zimmer wurde erstmal geräumt in das, in das ich dann kam.

Ich glaubte es nicht, ich bekam schon Mittagessen und eine Flasche Wasser, ich war sehr erfreut.

Mein Mann, der auf mich gewartet hatte, kam auch gleich und mein Sohn mit Familie war auch gleich da. Es ging mir gut und ich sammelte viel Kraft durch die Anwesenheit meiner Familie.

Nach 4 Tagen wurde ich entlassen. Wir verabredeten dann einen Termin im Juli nach Freiburg zu kommen, wenn wir wieder aus Denia zurück sind, denn wir buchten sofort einen Flug nach Denia, dort wollte ich mich erstmal erholen.

6. Erholung in Denia

Welch Freude alle Mitbewohner dort zu begrüßen. Die Wärme zu genießen, die Sonne und das Meer, das ich so sehr liebe und der Montgo natürlich, alles war zu meiner Zufriedenheit und ich hatte endlich meine Ruhe. Dachte ich!

Wir waren auf dem Markt und kauften frischen Spargel und Schinken und ich habe mit Freude ein wohlschmeckendes Gericht zubereitet. Als ich anfing, zu essen, kam ich ins Stocken, ich bekam keinen einzigen Bissen herunter.

Mein Mann war besorgt und es wurde mir eiskalt. Ich ging mit dicken Socken, Strickjacke und Handschuhen ins Bett. Es war mit hundeelend und das alles bei diesen warmen Temperaturen.

Nach einiger Zeit war dieser Spuk jedoch vorbei und es war alles wieder normal.

Ich kam ins Grübeln, ich merkte, dass ich trotz gutem Essen stets einige Kilo abnahm. Da sagte eine Stimme in mir: Wenn man ohne Grund abnimmt, hat man Krebs! Ne komm, denk nicht sowas, sagte die andere Stimme in mir. Ich werde der negativen Stimme den Namen: NEGA geben und die positive

Stimme nenn ich: POSI. Die beiden wechselten sich ständig ab im Kopf.

Es dauerte aber nicht lange, da hatte ich die Symptome wieder: kein Appetit, Frieren und nach einer Zeit war wieder alle vorbei. Das war kurz vor dem Abflug nachhause. Ich machte telefonisch einen Termin zum Check bei meiner Hausärztin.

NEGA sagte zu mir: Dann findet sic noch etwas und du kannst nicht nach Freiburg. Aber POSI sprang ein: Was soll denn sein? Lass es so, du hast wieder deine Ruhe.

NEGA wieder: Ha – du kannst nicht nach Freiburg, wenn sie was findet.

Jetzt aber Ruhe, befahl ich meinen Stimmen.

Wir kamen zuhause an, ich ging zum Check, Blutabnahme usw. Als die Auswertung da war, sagte die Ärztin, die Kleberwerte sind enorm hoch, ich musste ins Krankenhaus.

Ein Abgrund tat sich auf und ich fiel hinein. Ich konnte nicht nach Freiburg. Das gibt es doch nicht, wir freuen uns doch alle auf diese gemeinsame Zeit, dachte ich aufgebracht.

»Nein«, gab ich der Hausärztin zu verstehen, »ich fahre nach Freiburg!« Die Ärztin war empört, ob ich meinem Sohn zumuten wolle, dass ich ein Notfall werde. Das will ich auch nicht und so machte sie mir einen Termin in der Klinik.

Ich musste jetzt die enttäuschende Nachricht meinem Sohn mitteilen. Sie hatten schon Urlaub eingereicht für diese Zeit.

7. Es kommt alles anders

Es war still am anderen Ende der Leitung. Mein Sohn fand keine Worte, zu groß war die Enttäuschung. Wir wollten doch gemeinsam eine schöne Zeit verbringen und nun das.

In der Klinik nahm man eine Endosonographie vor. Wieder Schlauch schlucken und in dem Gallengang wurden Steine entfernt, die den Rückstau verursachten. Ein Stent wurde entfernt, den ich nun schon seit März hatte und bei der Gallenoperation nicht entfernt wurde.

Jetzt war alles klar, warum ich die Anfälle in Denia hatte. Ich sagte dem Arzt noch, dass ich 6 Kilo abgenommen habe. Er sagte mir, ich solle so weiter machen.

War nun die Reise nach Freiburg doch noch gerettet. Als ich zuhause war, dauerte es nicht lange und ich musste würgen und mich übergeben. Mein Urin war braun. Ich ging erstmal ins Bett, es war mir sehr übel.

Am nächsten Morgen begab ich mich zum Hausarzt. Er war dabei die Praxis an eine Hausärztin abzugeben, deshalb redete ich mal mit einem Arzt und mal mit einer Ärztin.

Er machte Sonographie und Untersuchenden und gab mir zu verstehen, dass ich zu früh entlassen wurde und sofort zur Notaufnahme musste. Ich hatte meinen Taxifahrer angerufen, der uns immer zum Flughafen fährt, und so fuhren wir in die Klinik.

Notaufnahme, voller Menschen, die alle in irgendeiner Weise auf Hilfe hofften. Einige weinten. Eine bedrückende Atmosphäre. Es dauerte lange und dann wurde ich endlich aufgerufen. Gut das ich vom Hausarzt geschickt wurde, ich erklärte, warum ich kam.

Viele Untersuchungen wurden vorgenommen. Ich wurde auf die Station geschickt, die mir ja schon bekannt war, weil ich dort immer den Schlauch schlucken musste. Meine Tasche bekam mein Mann zur Aufsicht und schon wurde ich vorbereitet. Hier hatte ein anderer Oberarzt Dienst, er nahm die Endsosonographie sofort vor.

Die Schwester, die mich vorbereitet hatte, sagte zu mir, dass ihre Mutter auch damit zu tun habe, obwohl die Galle raus sei, seien im Gallengang ständig Steine, die von der Leber gebildet werden.

Bloß nicht, hoffentlich trifft das nicht auf mich zu, dachte ich.

Aber so war es dann doch. Der Befund vom Oberarzt war, dass Eiter am Gallengang war von der Entfernung des Stents vor einigen Tagen und auch wieder Steinchen entfernt wurden. Ich habe einen Schutzengel, er hat mir schon einige Male geholfen zur rechten Zeit. Ich habe ihn gebeten, dass er ei mir bleiben soll. Er hatte mich doch schon zum Arzt geschickt, als dich diese Beulen am Bein hatte, die übrigens verschwunden sind, einfach so. Es war eine Warnung, es sollte mir nicht noch Schlimmeres zustoßen. Wäre ich nicht zum Arzt gegangen, ich weiß nicht, was passiert wäre.

Ich habe mit Simone Heintze korrespondiert, sie hat 3 Bücher geschrieben über ihr Schicksal.

Mit 13 Jahren bekam sie Morbus Hodkins Chemotherapie.

Als sie 16 Jahre war, kam der Krebs zurück. Wieder Chemotherapie, Bestrahlungen, OP, geheilt.

25 Jahre später, sie hatte inzwischen 3 Kinder, kam die Diagnose Brustkrebs, sie war 39 Jahre alt.

Mit 43 Jahren ein Rezidiv, Rückschlag, wieder Brustkrebs.

Ihr Glaube wurde ihr immer zum stärkeren Halt.

Ich habe ihre Bücher verschlungen. Ich konnte mich mit dem Geschriebenen so sehr identifizieren, man erkennt die Situation wieder. Ich berichtete ihr in Kurzfassung von meinem Verlauf der Krankheit.

Sie beantwortete mir meinen Brief mit den Worten:

Gott schickt manchmal Engel, wenn er deine Sorgen spürt. – Herma Schulze Berndt -

In Bezug des Schutzengels, den ich hier erwähnte, schrieb sie mir Psalm 91:11

Gott hat seinen Engeln befohlen, dich zu behüten, auf allen deinen Wegen.

Sie fügte noch hinzu: *Manchmal braucht man einen Engel, der dich beschützt, behütet und der dich führt.*

Ich sollte mal alles von der Seele schreiben, das tut gut. Ich dacht, ob ich das kann? Vielleicht mal versuchen. So ist es gekommen, dass ich alles Erlebte hier niederschriebe. Simones letztes Buch hat den Titel *Wäre schön blöd, nicht an Wunder zu glauben: Die Geschichte einer Frau, die mehrfach schwer erkrankte und trotzdem die Hoffnung nie aufgab.*

Wäre es nicht wirklich schön blöd, nicht an Wunder zu glauben?

Sie sagte mir, sie hätte schon viele Wunder erlebt. Das spornte mich an.

8. Die Untersuchungen gehen weiter

Doch zurück zur Aufnahme auf Station nach der Endosonographie. Als ich dort ankam, es war die Station, die ich gerade mal vor 2 Tagen verlassen hatten, schauten mich die Krankenschwestern und Pfleger erstaunt an. Was ist los, wollten sie wissen. Ein Pfleger sagte: »Hab' ich doch gewusst, dass der Arzt die neuesten Blutwerte noch nicht vorliegen hatte.«

Also nun ging es los, täglich 2 x Antibiotika, dies 3 Wochen lang, es durfte keine Blutvergiftung entstehen.

Mein lieber Mann besuchte mich täglich, er gab mir Kraft und hörte sich alles an, was ich zu berichten hatte. Ich konnte alles mit ihm besprechen, das tut mir gut, z.B., ein Pfleger stand vor meinem Bett und hielt mir ein Glas hin, ich solle das trinken.

»Was ist das?«, wollte ich wissen. Das wisse er nicht, also ging er fragen und kam dann zurück.

Es stellte sich heraus, dass dieses Glas mit dieser Flüssigkeit nicht für mich war. Kann passieren, aber man sollte selbst aufpassen, das habe ich gelernt. Ebenso wurde von einem Arzt eine Sonographie festgelegt am nächsten Tag. Es wurde mir Frühstück gebracht. Bevor ich zum Essen kam, wurde ich zum Ultraschall gerufen.

Die Schwester schaute nach, keine Sonographie, sagte sie. Ich war empört und sie redete mit dem Arzt und ich wurde zum Ultraschall gerufen. Neben mir wartete ein Herr ebenfalls, er klagt sehr, jetzt wolle er sein Rentenalter genießen und alles deutet auf Leberkrebs hin, auch eine Biopsie wurde schon gemacht, mit dem Ergebnis Krebs. Er tat mir sehr leid, ich wusste nichts darauf zu sagen und wurde auch schon aufgerufen.

Der Arzt ließ sich nichts anmerken von dem Anruf.

Er stellte fest, dass sich noch Sludge im Gallengang befand, der rausgeholt werden muss. Danach wurde ein langsamer Abfall der Cholestase – Gallenstau – gesehen und die Antibiotikagabe ging zu Ende und ich wurde entlassen, sollte aber nach 7 Tagen wieder erscheinen zur Kontrolle, Labor und Sonographie.

Ich freute mich und wir buchten einen Flug nach Denia, hatte ich doch alles überstanden, dachte ich.

Der Kontrolltermin war kam und die Untersuchungen wurden vorgenommen. Das Ergebnis war

niederschmetternd. Wieder rezidivierende Cholestase, Stau von Flüssigkeit. Erneut erhöhte Leberwerte. Damit hatte ich nicht gerechnet. Schon
wieder Klinikaufenthalt. Hört das denn überhaupt
nicht mehr auf? Nur gut, dass ich den Termin nach
Denia später gebucht hatte, dann wäre vielleicht
wieder alles normal.

Ich musste wieder Schlauch schlucken und wieder
wurde ein Stent gesetzt in den Gallengang, damit es
erneut keinen Stau gibt. Der leitende Oberarzt
wurde hinzugezogen. Aber ich konnte durch die
hohen Räume die Unterhaltung nicht verstehen. Die
Akustik war schlecht. Ich muss meine Hörgeräte
erneuern zur gegebenen Zeit.

Es wurde eine Biopsie angeordnet. Da wurde ich
von Angst gepackt, ich dachte an den Herrn, der
mir sein Leid geklagt hatte. Ich hatte meinen Hausarzt angerufen, um ihn zu unterrichten, dass ich
Angst habe. Er gab mir den Rat, dass ich es machen
soll, es wäre notwendig.

Mein Mann besuchte mich wie jeden Tag und
holte mir die Erlaubnis, in den Garten zu gehen. Es
war gerade der heiße August 2018 und ich war
ständig im Krankenhaus. Im Garten vom Bistro ver-
speisten wir lecker Eis. Ich hatte vorher um Erlaub-

nis gefragt. Mein Mann machte ein Foto von mir, als ich es sah, war ich sehr erschrocken, ich sah wirklich schlecht aus.

7 x Schlauchschlucken und auch alles andere hinterlässt Spuren und ich hatte Angst. Was wird, wie fallen die Untersuchungen aus?

Am nächsten Tag fragte ich bei der Visite, wann der Stent wieder raus muss und ob dies evtl. im November geschehen könnte. Ja, das wäre in Ordnung, aber mein behandelnder Oberarzt sagte, dass er nach 6 Wochen wieder raus muss.

Was sagt er da? Dann kann ich wieder nicht nach Denia, schoss es mir durch den Kopf.

Die Assistenzärztin setzte mich in Kenntnis, dass die Biopsie verschoben wird, der Professor möchte erst einmal einen Ultraschall von innen machen. Eine gastrale Endosonographie. Auch gut, es muss was getan werden, dachte ich.

Wieder Vorbereitung, Narkose und Sonographie.

Am nächsten Tag, es war gerade Mittagszeit, kam mein Mann. Die Assistenzärztin kam an mein Bett und sagte: »Frau Schneider, Sie haben ein Karzinom in der Pankreas.«

Ich erstarrte. Die Welt blieb für mich stehen. Starre, Schock, Leere, ein Abgrund raste auf mich zu und verschlang mich.

Das war's, dachte ich und stellte aber sofort die Frage: »Kann man es herausholen?«

Das war bestimmt die Stimme POSI.

Das wäre möglich, sagte man mir, weil der Tumor noch sehr klein ist. Die gastrale Endosonographie zeigte eine verdächtige Veränderung des Pankreaskopfes, wurde punktiert und so konnte ein Adenokarzinom vom dunklen Typ nachgewiesen werden. Ein CT wurde hinzugezogen, aber der Tumor konnte nicht nachgewiesen werden, zum Glück war er noch sehr klein. Das CT hatte ihn nicht erfasst.

Wie war das mit meinem Schutzengel?

Er hat mich geschützt, aber war es noch rechtzeitig? Ich weinte im Zimmer vor mich hin und eine Bettnachbarin kam zu mir und tröstete mich. Ich hatte sie auch einmal getröstet, als sie vor Schmerz weinte, dadurch habe ich mich wieder etwas gefangen.

Aber ich war geschwächt von dem Gedanken, einen Tumor in der Bauspeicheldrüse zu haben. Sagt man doch, dass es immer tödlich endet.

Patrick Swayze und Apple Chef Steve Jobs sind daran gestorben. Vor nicht langer Zeit erkrankte Fritz Pleitgen an Bauchspeicheldrüsenkrebs. Wie stehen meine Chancen? Ich habe den Vorteil, dass der Tumor noch klein ist und operiert werden kann.

Eine Bettnachbarin war eigentlich Privatpatientin und hatte das Bett bekommen, weil z. Zt. kein Privatzimmer frei war. Hier kam der Professor zur Visite und ich sagte zu ihm, dass er bei mir den Tumor gefunden hat. Er bestätigte es mit den den Worten: »Den haben sie aber schon länger.«

»Ich bin ja auch schon seit Februar dieses Jahres hier in Behandlung«, erwiderte ich ihm. Das wüsste er, er hätte meinen Fall genau vor Augen.

Daraufhin habe ich meinen Taxifahrer in Denia angerufen, dass auch operiert werden muss, auch er war fassungslos und wünschte mir alles Gute. Der Flug wurde storniert.

Es stellte sich heraus, dass meine Bettnachbarin auch einen Tumor in der Pankreas hatte, aber nicht mehr operabel. Sie war 69 Jahre, drei Jahre jünger als ich. Sie war eigentlich sehr gefasst, wurde hervorragend versorgt mit Schmerzmittel, Insulin usw. Wir kamen ins Gespräch und ich fragte, wie sie es denn bemerkt habe. Sie hatte starke Schmerzen, der Hausarzt versorgte sie mit Schmerz-medikamenten. Als aber auch das half, pochte sie auf ein CT. Der Tumor war schon zu groß, deshalb auch die Schmerzen. Ich wollte wissen, ob sie denn nicht abgenommen hatte. Doch, das hatte sie, dachte aber, es läge an dem Umzug, den sie gerade vorgenommen hatte. Sie bekam viel Besuch, ihre 4 Schwestern, die sich liebevoll um sie kümmerten und auch Verwandte. Sie gab ihnen den Auftrag, für ihren Bruder eine Heimstätte zu finden, den sie eigentlich versorgt.

Ich war oft den Tränen nach, wenn ich mit ihr geredet habe.

Sie wollte den Rat der Ärzte befolgen und eine Chemotherapie in Anspruch nehmen, vielleicht noch etwas Lebensverlängerung erreichen. Aber wenn es zu qualvoll sein sollte, wollte sie lieber sterben. Zuvor wollte sie sich noch einen Wunsch erfüllen und mit ihren Schwestern nach Magdeburg fahren. Sie wurde entlassen. Ich nahm sie in den Arm und wünschte ihr viel Kraft. Es kamen mir die Tränen und weinte sehr.

Ich dankte meinem Schutzengel, dass noch Ales rechtzeitig bei mir entdeckt wurde. Eigentlich konnte ich es kaum fassen, welch ein Glück ich hatte. Hatte Simone Heintze nicht zu mir gesagt, ich hätte schon viele Wunder erlebt? Vor allem hatte ich auch keine Schmerzen. Ich fragte die Assistenzärztin, ob ich schnell einen Termin bekommen kann. Dann müssten andere warten, war ihre Antwort. Ich frage den Professor, der zur Visite kam und er sagte mir, in zwei Tagen sei Tumorkonferenz, dort wird mein Fall auch besprochen. In vier Tagen sollte die OP stattfinden.

9. Die Operation

Nun war es Zeit, die erschütternde Nachricht meinem Sohn mitzuteilen.

Er war sehr schockiert und unsagbar traurig. Er machte mir aber Mut, es alles noch nicht zu spät. Er würde mich bald mit seiner Familie besuchen. Das war Labsal für mich.

Am nächsten Tagen fanden Vorgespräche statt und ich wurde aufgeklärt, ringsum der Pankreas werde einige Operationen vorgenommen, ein Stück vom Magen entfernt. Die Galle ist ja schon raus, aber vom Gallengang wird noch etwas abgenommen und auch vom Darm etwas entfernt und auch Lymphknoten, die betroffen sind. Dies muss alles sein, man nennt die OP Whipple Operation. Beim Narkosearzt war ich am Kämpfen wegen einer empfohlenen Bluttransfusion. Der Arzt pochte darauf, ich aber wollte keine und mein Widerstand war größer. Es gibt Alternativen zu Bluttransfusionen. Gott gab Christen das Gebot, ihr sollt euch enthalten von Blut. Apostelgeschichte 15:20,29

Ich betete am Abend zu Gott, er möchte auf die Hände der Operateure schauen, dass alles gut geht und ich nicht in die Situation komme, eine Bluttransfusion zu benötigen.

Danach wurde ich in der Klinik aufgenommen. Um den Darm zu reinigen, musste ich viel trinken. Im Zimmer war noch eine Patientin mit Tumor im Pankreasschwanz. Sie bekam Insulin. Bei mir, mit einem Tumor am Pankreaskopf, war das nicht nötig.

Am nächsten Tag war die OP. Ich kam in den OP-Saal. Alle waren sehr freundlich und der Narkosearzt klärte mich auf. Dann versank ich in den Schlaf mit einem Gebet vorher. Die Whipple Operation hat 7 Stunden gedauert. Danach sagte mir eine Schwester, dass mein Mann am Vormittag nach mir fragte, er soll noch mal nach Hause fahren, es dauert sehr lange, klärte man ihn aus. Er sei doch aufgeregt erwiderte er ihr. Als ich zu mir kam wurde ich auf die Intensivstation gefahren. Dort blieb ich 3 Tage. Die Schwestern und Pfleger dort waren sehr freundlich. Sie pflegten mich und sprachen mir Mut zu.

Am Abend musste ich mit Hilfe schon auf das Bett setzen und einmal ums Bett gehen, das gelang schon gut.

Mein lieber Mann kam und freute sich, dass ich den Umständen entsprechend schon so fidel war.

Die Nacht hatte ich gut überstanden und am Morgen sagte eine Schwester zu mir: »Frau Schneider, machen Sie mal die Augen auf, hier ist der Professor, der Sie opiert hat.«

Ich öffnete die Augen und blickte in ein freundliches, lächelndes Gesicht und er fragte: »Wie geht es Ihnen?«

Das werde ich nie vergessen, ein wunderbarer Moment für mich.

Ich wurde gewaschen und verpflegt und wurde von 2 Schwestern begleitet, einmal in der Intensivstation umherzugehen. Sie klatschten in Hände und wir freuten uns alle drei darüber, dass alles gut gelungen war. Dies wurde auch gleich meinem Mann mitgeteilt, als er kam.

Nach drei Tagen kam ich auf Station. Die Schwestern kamen mir alle bekannt vor und ich hatte dann erfahren, die Station ist umgezogen wegen Umbau. Die Oberschwester sagte mir gleich, sie kennt mich noch.

Hier wurde alle überwacht was nötig, Schmerzkontrolle, Drainagen, Stuhlgang, Blutuntersuchungen. Es war ordentlich was los und allen waren sehr freundlich. Manche sagten, ach die Anneli, wie gehts denn? Lustig, was alles so geschah. Die Kost wurde langsam aufgebaut. Es gab Tassensüppchen:

Kartoffelsuppe, Spargelsuppe, Tomatensuppe, Brühe und Schokoladensuppe. Es schmeckte köstlich, endlich etwas zu essen.

10. Aufbau nach der OP

Eine Ernährungsberaterin kam zu mir und erklärte mir, dass ich jetzt immer zu jedem Essen den Fettanteil berechnen müsse und dafür gäbe es Enzyme, die musste ich jetzt immer einnehmen, damit es keine Durchfälle gab.

Einen Ratgeber und ein Rezeptbuch überreichte sie mir und auch eine Dose mit Enzymkapseln. Es war nicht kompliziert, ich hatte es verstanden, und in der Klinik gab es einen Zettel, worauf die Fettberechnung zu sehen war.

Als mein Mann kam, verständigte er mich, dass mein Sohn mit Familie kommt. Das gibt Kraft, Freude und zeigt die Verbundenheit der Familie. Am Nachmittag ging die Tür auf und auf dem Arm meines Sohnes war mein Enkel, er zeigte auf mich und wir freuten uns alle. Eine Woche waren sie da, jeden Tag.

Die Drainage wurde entfernt, der Katheter und der Schlauch, der noch in der Nase war. Rück zuck ging das, ohne Beschwerden. Die Physiotherapeutin kam zu mir und ich lernte erst einmal, mit dem Rollator zu gehen, das war absolut hilfreich, konnte ich doch jetzt zur Toilette gehen, die am Ende des Flures war, es sollte bald umgebaut werden.

Bis jetzt konnte ich nur auf den Toilettenstuhl, es ging eben nicht anders. Das war jetzt vorbei.

Als ich jetzt mehrmals den Gang entlang ging mit dem Rollator, sagte mir die Oberschwester: »Sie sind eine Kämpferin.«

Ich antwortete: »Es lohnt sich ja auch, zu kämpfen.«

Bald brauchte ich keine Schmerzmittel mehr. Ich war sehr erstaunt darüber.

Eines Nachts hörte ich Geräusche von meiner Nachbarin. Da es überhaupt nicht aufhörte, machte ich das Licht an und konnte es nicht fassen, sie hatte meine Nachtwäsche an. Die kleinen Schränkchen sind von vorn und hinten zu öffnen.

Ich klingelte der Nachtschwester, die auch sehr verblüfft war und so wurde die Wäsche in einen Plastiksack gelegt, damit mein Mann sie zuhause waschen kann.

Es kamen verschiedene Ärzte zu ihr und ich bekam mit, dass Folgeschäden der Narkose vorhanden waren. Ihrer Tochter, die jeden Tag zu uns kam, sagte ich nichts, sie hörte es ja von den Ärzten.

Am nächsten Tag brachte sie mir und ihrer Mutter eine Eistüte mit und bedankte sich bei mir. Das Eis war köstlich, ein italienischer Eiswagen durfte in die Krankenhausanlage und hatte ein gutes Geschäft. Der August war so heiß, alle wollten sich erfrischen und einem Eis, es bildeten sich sogar Schlangen vor dem Wagen.

Mein Sohn kam, er hatte vorher in der Kinderklinik angerufen, weil mein Enkel einen Ausschlag im Mund hatte. Er sollte dort vorbeikommen, wenn er mich besucht. Das erledigten sie erstmal. Es stellte sich nichts Ernsthaftes heraus und ein Medikament wurde verordnet. Mein Enkel war nicht gut gelaunt aufgrund der Schmerzen, die er hatte. In 2 Tagen sollte er nochmal vorsprechen.

Meine Physiotherapeutin brachte mir bei, ohne Rollator zu gehen, Treppen steigen, ganz schon anstrengend, alles erstmal wieder zu lernen. Ich erholte mich sehr rasch von dieser umfangreichen OP. Das war meiner Familie zu verdanken. Sie gab mir die nötige Kraft, die ich benötigte. Auch die vielen lieben Helfer, Schwestern, Ärzte und alle, die dazugehörten. Ich war bestens aufgehoben und wurde hervorragend versorgt.

Die Sozialabteilung meldete sich bei mir. Ob ich eine Reha in Anspruch nehmen wollte. Klar wollte ich das.

Ob stationär? Nein, das wollte ich nicht, lieber einen Fahrdienst in Anspruch nehmen, der mich holt und wieder nach Hause bringt.

Mein Mann war schon wochenlang alleine durch meine vielen Klinikaufenthalte. Das war dann auch kein Problem, in Ronsdorf gäbe es eine Reha mit Fahrdienst. Ich würde wieder von ihnen hören .

Meine ehemalige Zimmernachbarin kam, sie hatte die OP auch hinter sich und fragte mich, ob ich mit ihr die Reha in Boltenhagen an der Ostsee machen will. Ich gab ihr zu verstehen, dass ich es nicht will, weil ich in der Nähe meines Mannes bleiben möchte. Sie war enttäuscht.

Ich wurde verständigt, dass meine Entlassung an steht, das war mir eine Freude. Mein Sohn verabschiedet sich mit sein er Familie. Wir umarmten uns und freuten uns über meinen Fortschritt nach der OP.

Der Tag der Entlassung war da und die Schwester kam, um die Tacker aus der Wunde zu entfernen. Da sprang eine Naht auf. Oh je, das muss wieder genäht werden. Die Tür ging auf und mein Mann kam. »Stellen Sie sich vor mich, er soll es nicht sehen«, sagte ich zu der Schwester. Es wurde kurz behandelt und ich sollte zur Hausärztin gehen, die soll die Fäden ziehen. Der Rehatermin wurde mir mitgeteilt. Ebenfalls einen Termin zur Vorstellung in der Onkologie nach der Reha.

Ich war wieder zuhause, wunderbar!

An einem Freitag ging ich zur Hausärztin wegen der Wundversorgung. Sie zog die Fäden. Versorgte mich mit Verbänden, die ich jeden Tag wechseln sollte. Samstag wollte ich dies tun und oh Schreck, die Naht ging wieder ein Stück auf. Die Wunde war sehr lang. Ich desinfizierte die Wunde und klebte eng einen Verband darüber. So muss es erstmal gehen. Am Wochenende ins Krankenhaus war mir zu aufregend.

Am Montag sollte ich zur Reha kommen.

11. Rehabilitation

Nun war es so weit, der Fahrdienst der Reha war pünktlich 6:45 h da.

Es waren schon 4 Personen eingesammelt worden, als alle zusammen waren, ging es nach Ronsdorf. Eine wunderschöne Anlage, mit Teich und Fontaine, eine ausgediente Schwebebahn als Blickpunkt im Garten und herrliche Parkanlage. Jeder bekam einen Schlüssel für einen abschließbaren Schrank.

Eine warme Decke konnte man bekommen gegen einen Pfandbetrag. Eine Liste für jeden, da war das Programm für jeden Einzelnen aufgeführt, an dem wir teilnehmen durften.

Aber jetzt durften wir erstmal frühstücken. Sehr angenehm war der Speisesaal aufgeteilt. Ich war an einem Tisch mit 8 Personen und man begrüßte mich sehr freundlich. Nun ging es ans Buffet. Verschiedene Brötchen und Brotsorten, Wurst, Käse, Quark, Früchte, Kaffee und Tee. Es fehlt wirklich nichts.

Das Frühstück schmeckte hervorragend. Ein Blick auf mein Programm, sagte mir, ich sollte zuerst zur Wundversorgung kommen, im obersten Stockwerk. Da musste man sich erstmal vertraut machen mit den Fahrstühlen, das dauerte eine Zeit lang, aber dann hatte man es raus, wo es überall hingeht. Der Verband wurde abgenommen. Ich wurde angeschaut mit der Frage, wie lange die Naht schon etwas geöffnet ist.

Ich erzählte den Zusammenhang und es wurde Verbindung mit der Ärztin aufgenommen, da sollte ich jetzt vorsprechen. Sie schaute sich die Wunden und wollte mich am Liebsten in die Klinik schicken, das wollte ich nicht und so kam es dazu, dass sie es selbst genäht hat. Damit war ich sofort einverstanden. Sie vereiste die Stelle und begann die Nadel anzusetzen, schaute mich unentwegt dabei an, ob ich es aushalten kann. Sie sind tapfer und gar nicht so zimperlich, bemerkte sie. Ich war sehr froh, mit dieser Lösung, dass sie die Wunde nähte.

Sobald ich morgens ankam, sollte ich sofort zur Wundversorgung kommen und es gab auch noch eine Thrombosespritze.

Wie soll es denn vorgehen am Wochenende, ich könnte kommen. Aber mein Vorschlag war, dass sie mir alles mitgeben sollen und ich mir die Spritze selbst gebe. Wir übten es eine Zeit lang und so war dies auch gelöst.

Dann war der nächste Punkt dran, es gab einen Vortrag und danach Gymnastik im Sitzen. Alles machte viel Spaß. Ich hatte noch eine kleine Pause bis zum Mittagessen und begab mich in den Ruheraum mit meiner erworbenen Decke.

Ich war schon seit halb sechs in Gang und brauchte etwas Ruhe. Es war mucksmäuschenstill und ich war etwas eingeschlummert. Jetzt gab es Mittagessen. Man konnte zwischen drei Mahlzeiten wählen und eine große Salatbar mit verschiedenen Soßen zur Auswahl war vorhanden. Da lacht das Herz. Eine Vorsuppe gab es auch. Ich fand keine Löffel im Besteckkasten und fragte eine Bedienung danach. Ich sollte mitkommen und die Löffel waren direkt neben dem Suppenkessel. Wir lachten beide und ich bedankte mich, kein böses Wort war gefallen.

Verständnis wurde entgegengebracht, alles nicht so selbstverständlich. Um 15:00 h wurden wir dem entsprechenden Fahrer zugeteilt, der uns dann nach Hause fuhr. Ich war sehr zufrieden mit allem. Meinem Mann konnte ich alles berichten beim Kaffeetrinken und wir haben zusammen Abendessen gespeist.

Wir waren zusammen, durch die Lösung, dass ich eine Tagesreha machte.

Während des Aufenthaltes in der Reha kommt man sich auch etwas näher mit den Anderen. Ich habe dann erfahren, zwei Fahren waren an Brustkrebs erkrankt. 3 Frauen an Lungenkrebs, eine an Eierstocktumor und eine mit Hertz- und Lungentumor, der nicht mehr geholfen werden konnte.

Eine Frau mit Brustkrebs sagte, wer hätte denn gedacht, dass sie mit 80 Jahren noch an Brustkrebs erkrankt, hätte sie beide abnehmen lassen. Eine junge Mutter fragte ich, wie sie denn den Lungenkrebs bemerkt hat. Sie ist noch mit ihren Kindern gewandert und bekam plötzlich einen Blutsturz.

Jeder hoffte auf Heilung, bis auf die, die wussten, es geht zu Ende.

Ein junges Mädchen, die auch immer im Auto war, hatte einen Hirntumor. Ob sie mir mal erzählen konnte, wie sie es bemerkt hat. Damit hatte sie keine Probleme. Sie hatte plötzlich unter heftigen Kopfschmerzen gelitten und ihren Chef angerufen, dass sie nicht kommen kann. Die Schmerzen wurden stärker trotz Medikamenten und so wurde ein CT vorgenommen.

Hirntumor, war das Ergebnis. In einer Klinik in Wuppertal wurde sie operiert, es war aber kein befriedigendes Ergebnis und so ging sie nach Münster und wurde nochmal operiert. Jetzt war sie in der Reha. Ich hatte sie noch einmal in der Stadt, aber es ging so schnell, ich konnte sie nicht ansprechen, vielleicht auch gut so. Vielen Schicksalen begegnet man in der Reha und alle sprechen offen darüber.

Nach der ersten Woche gab es eine Zusammenkunft, bei der man sagen konnte, was einem nicht gefällt und was gut ist. Ich sagte daraufhin, dass es mir nach einer Woche Aufenthalt schon viel besser geht und das ist auch dem außerordentlichen freundlichen Personal zu verdanken. Sie freuten sich sehr und wollten es weitergeben.

Auf einem Fragebogen konnte ich ankreuzen, dass ich ein Gespräch mit dem Oberarzt wünsche, ich wollte etwas über Chemotherapie wissen. Den Termin bekam ich umgehend. Er klärte mich auf, was nach der Reha kommt, ich bekomme Chemotherapie mit Gemcitabine. Ich wollte wissen, ob eine zusätzliche Mistelbehandlung ratsam ist. Er wies darauf hin, dass alles mit Nebenwirkung verbunden ist. Er machte mir Mut.

Auf dem Flur begegnete ich der Frau, die Brustkrebs hatte und sie sagte: »Frau Schneider, sie strahlen ja richtig.« Ich berichtete von dem ermutigenden Gespräch mit dem Chefarzt.

Dann bekam ich Hydromassage, dies ist eine massierende Wirkung durch Wasserdruck, die das

Wasser in Bewegung drückt, während man auf dem Wasserbett liegt. Da war eine Wohltat und ich konnte es öfter genießen.

Autogenes Training war auch sehr hilfreich. Zuerst kam es mir vor, dass es bei mir nicht wirkt, aber dann hatte ich Erfolg. Ich wende es immer noch an, wenn ich abends im Bett liege und schlafen will.

Ich sage ganz langsam, ich atme ein, ich atme aus. Ich bin ganz entspannt. Es wird mir warm, meine Hände und Füße werden warm. Ich schlafe gleich ein.

Dies wende ich ein paarmal an und schlafe dann tatsächlich ein.

Im Laufe der Zeit kam noch ein Programmpunkt hinzu, Malen. Das war super. Ich male sehr gerne, habe auch mal ein Seminar mitgemacht.

Es gab ein Lehrküche, dort lernten wir, in einer anderen Art zu kochen, Brot backen, rote Beete-Salate anrichten, selbstgemachte Currysosse und vieles mehr. Es machte viel Spaß.

Currysoße (für Currywurst)

100 g Miracle Whip Balance 10% Fett
   30 g Senf
   3 EL Tomatenketchup
   1 TL Currypulver / nach Geschmack mehr
   1 EL Gurkenflüssigkeit
   20 g Honig
   Saft einer halben Orange
   Salz und Pfeffer
   Alles verrühren
   Gebrühte Bratwurst in Scheiben schneiden

In einer Pfanne leicht braten von beiden Seiten und Currysoße darüber auf einen Teller

Guten Appetit

Das Wetter war im September noch sehr schön. Man konnte auch draußen im Garten auf Liegen Platz nehmen. Eine schöne, erholsame Zeit näherte sich dem Ende zu.

Die Wunde musste noch immer jeden Tag versorgt werden, eine langwierige Sache.

Ich kam an einem Freitag nach Hause und hatte am Montag einen Termin der Onkologie zur Besprechung.

12. Aufnahme in der Onkologie

Der Onkologe ist sehr freundlich, ein etwas älterer Doktor. Ich wurde gewogen, Größe wurde gemessen und er schaute sich die Bauchwunde an mit den Worten, was er denn da jetzt mach soll. Ich sagte ihm, dass er es entscheiden sollte und die Chemo vielleicht zurückstellen soll. »Auf keinen Fall, wir müssen mit der hemo beginnen .« War seine Antwort.

Einen Termin bekam ich gleich in der nächsten Woche zugeteilt. Er klärte mich über die Nebenwirkungen auf.

Aber, kein Haarausfall mit Gemcitabine.

Schwierigkeiten gab es mit der Verständigung, wenn er zu leise gesprochen hat und ich nochmal nachfragte, dann schrie er. Das war schon gar nichts. Aber da mein Mann bei mir, konnte er mir sagen, was ich nicht verstanden hatte. Ich habe mir den Vertrag zuhause durchgelesen, haarsträubend, was da alles stand. Aber ich musste dadurch. Vielleicht trifft ja auch nicht alles zu und werde etwas verschont. Ich werde es sehen!

Die erste Chemo war nach einer Stunde vorbei, die fand 3mal wöchentlich statt, jede Woche eine und dann eine Woche Pause, damit sich die Blutwerte erholen. Die wurden ständig überwacht, vor jeder Chemo.

Nach der 3. Woche sagte die Assistentin zu mir, dass ich einen Port brauche. Der wird an (in) die Vene gesetzt und endet kurz vor dem Herzen, ein dauerhafter Zugang von außen in die Vene.

In der Armvene kann es zu Komplikationen führen, wenn ständig eingestochen wird.

Ich bekam einen Überweisungsschein und sollte eine Praxis in Elberfeld aufsuchen. Es war eine große Gemeinschaftspraxis, vor der Anmeldung waren viele Leute. Man fragte mich, wann die nächste Chemo stattfinden sollte, und ich bekam kurzfristig einen Termin.

Das dauerte dann eine Stunde, vom Einschlafen bis zum Aufwachen von der Narkose. Von außen fühlt man unter der Haut eine centgroße Platte, dort wird die Nadel angesetzt und so kann die Chemo direkt in die Vene. Dies ging anfangs sehr gut, bis ich bei einer Chemo merkte, dass etwas nicht stimmt. Die Haut wurde an der Nadel dick und ich machte sofort darauf aufmerksam.

Die Chemo wurde sofort abgesetzt und der Onkologe schickte mich in die Radiologie, um festzustellen, was los ist. Dort bekam ich auch umgehend einen Platz zum Röntgen. Es ging wieder los, wegen der Kontrastmittel, die ich nicht vertrage. Aber der Arzt versorgte mich mit einem Gegenmittel und es ging alles gut. Das Ergebnis war, der Schlauch hatte sich gelöst und um den Port gewickelt. Ich musste wieder zum Chirurgen, der den Port eingesetzt hatte. Dort dauerte es sehr lange, bis ich dran war. Ausgerechnet mir, muss das passieren, dachte ich, warum bei mir? Da gab es keine Antworten.

Der Arzt war verblüfft, er konnte es überhaupt nicht verstehen. Wieder Narkose am nächsten Tag, um es zu richten. Aber es blieb keine andere Lösung.

Danach ging ich erstmal in die Arcaden, die sich direkt dort befinden und ich verspeiste ein leckeres Matjesbrötchen im Restaurant Nordsee. Omega 3 ist im Hering und man soll sich damit gut versorgen.

In der Onkologie ging es weiter mit der Therapie. In der Nacht hatte ich mächtig geschwitzt und musste meine Nachtwäsche 3 – 5mal wechseln, das ging mir gehörig auf die Nerven. Ich sagte es dem Onkologen und er hatte etwas verordnet, das in die Chemo kam. Es hat tatsächlich geholfen. Die Chemo war immer donnerstags und einem Sonntag.

Ich wollte gerade meinen Mittagsschlaf machen, als ich plötzlich so starke Baukrämpfe bekam, wie ich sie noch nie erlebt hatte.

Mein Mann dachte, ich schlafe. Wenn er doch nur mal kommen wurde, waren meine Gedanken. Es war grausam. Aufstehen konnte ich gar nicht, es hörte nicht auf.

Ich zwang mich, mich aufzusetzen und Gin ganz vorsichtig in die Küche, um den Beipackzettel zu lesen, von dem Medikament, das mir der Arzt verordnet hatte. Davon nahm ich eine Tablette mit viel Wasser. Mein Mann kam, er hatte mich gehört und fragte, ob ich schon ausgeschlafen habe. Ich berichtete ihm von meinem Zustand und seit dieser Zeit liegen diese Tabletten direkt auf dem Nachtschrank. Den Onkologen habe ich auch in Kenntnis davon gesetzt. Es ist auch nicht mehr vorgekommen.

13. Weihnachten 2018

Es begann inzwischen die Adventszeit und Weihnachten nahte. Die Onkologie hatte in der Weihnachtswoche Urlaub und da sonst nichts stattfand, verabredeten wir mit meinem Sohn, nach Wuppertal zu kommen.

Wir verbrachten wunderschöne Weihnachtstage zusammen. Mein Enkel, der nun schon ein Jahr und acht Monate war, sorgte für genügend Unterhaltung.

Mein Sohn wünschte sich traditionsgemäß zu Weihnachten immer Kartoffelsalat und schlesische, weiße Bratwurst. Die holen wir immer bei einem Fleischer, der sie noch nach einem alten Rezept herstellt. Es war viel Andrang dort und man musste viel Zeit einplanen. Aber es lohnte sich, wenn zu Weihnachten alle Gesichter strahlen und alle dieses leckere, einfach Gericht genießen.

Zu Silvester verabschiedeten sie sich wieder, um uns nach Freiburg zurückzufahren. Wir rechneten uns aus, wann die Chemo zu Ende sein würde, und verabredeten einen Termin für uns, nach Freiburg zu kommen. Das war ein freudiger Gedanke.

Das neue Jahr fing an. Es lief so weit alles normal, bis plötzlich die Blutwerte nicht mehr in Ordnung waren. Vor allem die Leberwerte waren zu hoch. Es wurde immer wieder eine Pause eingelegt, damit sich die Werte erholen.

Es ging mir schlecht. Ich fühlte mich schlapp und ausgelaugt und natürlich machte mir meine Diagnose große Sorgen. Würde alles wieder gut werden? An manchen Tagen konnte ich kaum aufstehen.

Nachdem sich die Werte etwas gebessert hatten, gab es wieder eine Chemo. Aber durch die lange Pause hatte sich alles verschoben. Nach dieser Chemo sollte eine Freiwoche genommen werden. Das kann doch nicht sein, 3 x ausgefallen und nun nach einer Chemo eine Freiwoche. Das sind doch erst 3 Therapien. Aber die Assistentin bestand darauf, so ist aufgeführt in den Unterlagen. Sie ließ mich abblitzen.

Dann klappt es nicht mit Freiburg, in der Woche hätte ich dann Chemo, das kann doch nicht sein!

Ich ging zur Anmeldung und holte mir einen Arzttermin. Ich machte mir Notizen und sagte zu dem Arzt: »Ich sehe das nicht ein. Nach so vielen Wochen Pause schon wieder eine Freiwoche nach einer Chemo. Ich will zu meinem Enkel und es würde passen, wenn ich noch eine Chemo bekomme und dann die Freiwoche nehme.«

Er schaute sich meinen Zettel an und sagte, ich soll es der Assistentin zeigen. Ich gab ihm zu verstehen, dass er das machen muss, sonst ist alles vergebens. Und siehe da, es klappte tatsächlich, ich bekam noch eine Chemo und die Woche darauf hatte ich dann die Freiwoche, so dass ich nach Freiburg konnte. Es hatte sich gelohnt, die Kraft aufzubringen.

14. Freiburg

Mein Sohn hatte uns im ICE Plätze reserviert und in etwa vier Stunden waren wir da. Wir sollten auf dem Gleis warten, er wollte uns dort abholen. Ich schaute rauf und runter und sah ihn kommen und rief laut:»Ah, da ist er!« Die Leute um uns herum freuten sich über meine Reaktion. Da wir erst später ins Hotel konnte, hatte er liebevoll eine Brotzeit vorbereitet. Wir waren alle sehr glücklich. Dann ging es zum Hotel. Wir wohnten im FT-Hotel, ein Sporthotel in der Nähe der Dreisam, ein kleiner Fluss, der durch Freiburg fliest.

Blick auf Wälder und Sportplätze. Das Zimmer war angenehm und da stand auch schon eine Kiste Wasser, Tüten mit Obst und Säften. Mein Sohn hatte für alles gesorgt, so dass ich auf nichts verzichten musste.

Es war Nachmittag und meine Schwiegertochter (ich nenne sie mal Sabine) holte meinen Enkel von der Kita ab. Er freute sich schon auf Opa und Oma aus Wuppertal, die andere Oma und Opa wohnten in Freiburg.

Es war kurz vor seinem 2. Geburtstag. Wir gingen in den Speisesaal, der war ideal, um Kinder mitzubringen, die sich auch mal bewegen können.

Wir hatten unseren Platz ganz am Ende, um nicht zu stören. Die Bedienung war sehr freundlich und wir gaben unsere Bestellung auf. Für uns war es klar, dass es badischen Wurstsalat oder Elsässer Wurstsalat, in dem noch Käse ist, dazu Kräuterquark und brägele, da sind Bratkartoffel. Vorher eine Salatbeilage und ein Weißbier. Wir ließen es uns schmecken.

Um zeitlich unabhängig zu sein, hatte mein Sohn für uns das Frühstück eine kleine Bäckerei ausgesucht. Dort wurde das Frühstück in einem sehr schönen Raum serviert, mit Blick in den Garten und auf die Vögelchen. An den nächsten Tagen hatte mein Sohn dann Urlaub und wir konnten bei ihm gemeinsam frühstücken.

Das Frühstück in der Bäckerei war super, die Brötchen, die es dort gab, habe ich och nie so gegessen und es gab viel Belag dazu. Wurst, Käse, Quark, Marmelade, Tomate und Kaffee. Das hatte mein Sohn sehr gut ausgesucht.

Wir gingen zu Fuß in ein Einkaufszentrum, um noch etwas zu besorgen. Abends waren wir wieder im Hotelrestaurant und wir hatten wieder sehr viel Freude mit meinem Enkel. Zweimal hatte ein Sohn zuhause gegrillt und Sabine hat auf meinem Wunsch hin Crêpes gebacken.

Wir hatten Glück mit dem Wetter und konnten gemeinsam in den großen Tiergarten Mundenhof. Mein Enkel wusste schon, wo die Tiere waren, die er sehen wollte, nahm seinen Opa an die Hand und sie gingen Zeit so zusammen des Weges. Einen Imbiss gibt es auch und wir konnten uns stärken und unseren Durst löschen.

Zweimal sind wir mitgefahren, um meinen Enkel von der Kita abzuholen. Diese vielen kleinen Kinder zu sehen, die dort spielten, ging ans Herz.

Unser Enkel kam gleich angelaufen, wenn er uns entdeckte. Die Zeit verging wie im Flug. Es war wunderschön in Freiburg. Es ist eine sehr schöne Stadt. Das Freiburger Münster mit seinem Markt, muss man unbedingt besuchen.

Die vielen Marktstände und vor allem die gegrillte »Rote Wust« ist sehr bekannt und ein Genuss. Man muss sie unbedingt probieren. Selbstverständlich auch die Schwarzwälder Kirschtorte und nicht zu vergessen, den Wurstsalat mit Kräuterquark und Bratkartoffel, die *Brägele!*

Den Kastaniengarten aufzusuchen lohnt sich auf jeden Fall. Der Ausblick auf Freiburg, Weinberge ringsum, was für ein Panorama. Wenn man mag kann man das mit einen Pils von der Rothaus Brauerei geniessen.

In der Stadt ibt es die Bächle, die sind einzigartig.
Am Bordstein eine Rinne mit fließendem Wasser.
Spaziergänge an der Dreisam sind sehr erholsam.
Jetzt ging es aber wieder erstmal nach Hause.

FREIBURG

15. Die Chemo geht weiter

Ich hatte von meiner Familie viel Stärke und Kraft empfangen. Als ich zur nächsten Chemo kam, waren alle sehr freundlich zu mir und fragten, ob es denn schön bei meinem Enkel war. Na klar, war es das, gab ich zu verstehen. Mein Sohn erzählte mir, dass mein Enkel noch jeden Tag nach uns gefragt hat und er ihm erklärte, dass Oma und Opa wieder in Wuppertal sind. Da hätte er sein Spielhandy an sein Ohr gehalten. Als mein Sohn ihn fragte, mit wem er denn telefoniere, sagte mein Enkel: »Mit Oma und Opa, sie sind zuhause.«

Bei mir waren die Leberwerte wieder hoch nach der Chemo. Ich fragte den Arzt, ob wir die Chemo abbrechen sollen. Ich bekam die Antwort, auf keinen Fall. Pankreaskrebs ist eine der aggressivsten Tumorarten. Das hatte ich vernommen. Der Termin des Fluges, den wir vereinbart hatten, mit meinem Sohn zusammen nach Denia zu fliegen, rückte näher.

Ich verschob den Termin um 4 Wochen und verständigt den Arzt davon, denn ich hatte ihm schon davon berichtet. Er Schaute nur besorgt. Aber die Leberwerte erholten sich überhaupt nicht mehr und der Arzt wolle dann doch die Chemo beenden. Da ich aber noch Zeit hatte mit dem Abflug, wollte ich noch eine Chemo nehmen und sagte, dass sich 16 von 18 Chemos besser anhören als 15 von 18.

»In Denia lasse ich dann die Leberwerte überprüfen, ich habe dort eine deutsche Ärztin«, sagte ich. Damit war der Onkologe einverstanden.

Der Tumormarker war unauffällig und ich bekam einen Nachsorgetermin für Juli.

Jetzt ist alles vorbei – dachte ich.

Ich machte noch einen Termin bei einem Beerdigungsinstitut. Zur Vorsorge?

Ich wollte einiges regeln, wenn einer von uns stirbt, was der andere machen mus. Wie alles ablaufen sollte und was alles gemacht werden musste.

Amtliche Regeln, Ausweis, Rentennummer usw. Was alles abgemeldet werden muss und auch den Ablauf der Trauerfeier. Es kostete mich sehr viel Kraft und war froh, dass alles geregt war. Der Schmerz ist zu groß, wenn einer stirbt und es ist hilfreich, wenn alles geregelt ist.

16. Familientreffen

Wir flogen nach Denia. Ich war glücklich, die Sonne, die Wärme, das geliebte Meer und der Montgo. Viele Spanier schauten erstmal, ob ich es auch bin. Ich hatte 20 kg abgenommen und meine Haare, die ich immer als Knoten zusammen gefasst trug, waren kinnlang abgeschnitten.

Das hing mit einer Bauchwunde zusammen, ich konnte die Arme nicht so lange hochheben und so wurden die Haare vor meiner Reha abgeschnitten.

Aber alle freute sich, uns wiederzusehen.

Wir haben dort kein Auto und brauchen auch keins. Wir fahren mit dem Bus zu Stadt, der Supermarkt Mercadona bringt alles in die Wohnung, die Treppe hoch, sogar bis in die Küche. Ein prima Service. Im Supermarkt wird man vom Personal umarmt und alle freuen sich, dass man wieder da ist.

Dann kam mein Sohn mit Familie, es war Mitte Mai und man konnte schon baden, nur ich nicht, wegen der Bauchwunde.

Ich schaute dem Treiben meines Enkels zu, der sehr s erfreut war zu baden. Mein Sohn hatte einen Leihwagen und wir besuchten oft Restaurants, um

Tapas zu essen, oder wir haben auf dem Balkon gegessen mit Blick auf den beleuchteten Pool.

Die Zubereitung der Mahlzeiten hatte ich übernommen. Spaghetti mit Tomatensoße aus frischen Tomaten, Kartoffelpuffer mit Lachs und auch Grillwurst mit Tortilla. Es schmeckte uns allen hervorragend. Am Tage gingen sie oft auf Spielplätze oder auf die Promenade, da konnte mein Enkel herumlaufen.

Die Zeit der Gemeinschaft verflog in Eile und wir machten einen Termin für September aus zur Goldenen Hochzeit, die wir dann auch gemeinsam Feieren konnten.

Auch für uns war die Zeit bald zu Ende und ich ging noch zur deutschen Ärztin, um die Leberwerte zu überprüfen. Sie sah sich meine Bauchwunde an und machte ein besorgtes Gesicht. Sie besprach mit ihrer Helferin, dass sie eine schwarze Salbe auftragen sollte.

Nach 5 Tagen musste ich wieder erscheinen. Der Verband wurde abgenommen und die Wunde war zu!

Man glaubt es nicht, da plagt man sich seit August 2018 bis Juni 2019 mit einer offenen Wunde herum, die Ärztin streicht Salbe drauf und die Wunde ist zu.

Zuhause war es nicht in den Griff zu bekommen, ich war doch auch da ständig bei meiner Ärztin in Deutschland.

Anfang Juli waren wir wieder zuhause. Ich hatte Nachsorge. Ein CT wurde gemacht und Sprechstunde bei meinen Onkologen. Er sagte mir, ich könne mich freuen, das CT sei in Ordnung, alles positiv. Sie hatten Krebs.

Ich wäre ihm beinahe vor Freude auf seinen Schreibtisch gesprungen. Ich bin wieder gesund, unglaublich, nun ist alles überstanden.

Ich bekam für November den nächsten Nachsorgetermin. Wir alle freuten uns sehr darüber, war doch alles gut ausgegangen.

In Denia angekommen, bereiteten wir dann alles vor für die Ankunft unseres Sohnes mit Familie.

Die »Goldene Hochzeit« feierten wir in einem großen Lokal, indem auch Kinder willkommen sind und umherlaufen können, ohne zu stören.

Ein riesiges Buffet war vorhanden, mit allem, was es nur gibt. Auch kann man sich frischen Fisch oder Fleisch grillen lassen. Reichlich frischen Salat, Meeresfrüchte, Schinken, Geflügel und viel mehr. Wir hatten eine Sangria dazu, die frisch angerichtet wurde, sehr lecker. Nachtisch in großer Auswahl,

Eis, Pudding und Kuchen. Es war alles sehr schmackhaft und jeder konnte essen, was er wollte. Wir hatten einen schönen Tag. Mein Enkel schaute sich im großen Aquarium die Fische an, bald gesellte sich ein kleines Mädchen dazu, die beiden hatten ihren Spaß.

Eine Überraschung hatte mein Sohn noch parat. Im Dezember kommt das nächste Baby an, ein zweites Enkelchen, das ist eine wunderbare Nachricht und wie es heutzutage ist, weiß man ja schon vor der Geburt, ob es ein Junge oder ein Mädchen ist. Es ist ein Junge. Wir freuten uns alle auf dieses herrliche Ergebnis.

17. Eine Überraschung nach der anderen

Ein Nachsorgetermin stand bevor. Der Onkologe mach eine Sonographie, alles soweit in Ordnung.

Ich zeigte ihm die Werte des Tumormarkers aus Denia und er gab mir einen Überweisungsschein zum MRT. Dort konnte ich kurzfristig in Behandlung kommen. Nach dem MRT wurde mir mitgeteilt, der Arzt bekommt die Ergebnisse online zugeteilt bzw. zugestellt. Ich wünschte ein Kurzgespräch, das würde aber lange dauern. Ich möchte wissen, ob ein Tumor vorliegt, war aber dann aufgerufen und das Ergebnis: KEIN REZIDIV HINWEIS!

Ich konnte es nicht fassen und ging erstmal auf Toilette und weinte vor Freude. Habe ich doch den Krebs überstanden. Erleichtert ging ich zu meinem Mann, der auf mich wartete. Er freute sich sehr über die gute Nachricht.

Eine Woche später hatte ich meinen Besprechungstermin mit meinem Onkologen. Auch er freute sich, mir die guten Ergebnisse mitzuteilen. Der Tumormarker ist wesentlich geringer als der in Spanien und der Marker reagiert auch auf Entzündungen. So bekam ich den nächsten Termin zur Nachsorge für Februar des nächsten Jahres. 2020.

Nun konnten wir Weihnachten entgegensehen ohne negativen Hintergedanken.

Da kam eine Überraschung aus Freiburg. Mein Enkel kam am Nikolaustag auf die Welt. Das hat er sich aber Spitze ausgesucht. Mein Sohn hatte sich seine Schwiegereltern bestellt, um auf Enkel 1 aufzupassen. Als er morgens wach wurde und seine Oma sah, freute er sich. Sie teilte ihm, dass er ein Brüderchen hat. Seine Antwort war: »Ich bin ein großer Bruder.«

Mein Sohn ging mit ihm in Krankenhaus und war noch vorher in einem Spielwarenhaus mit meinem Enkel, er sollte seinem Brüderchen noch ein Geschenk aussuchen. Es war ein knallbuntes Krokodil. So ging es in die Klinik.

Die Fotos, die ich bekam, Warren allerliebst, so viel Zärtlichkeit und Blicke von meinem Enkel waren rührend. Immer wieder wollte er sein Brüderchen auf den Arm nehmen, mit Hilfe meines Sohnes.

Dann fragte meine Enkel: »Wo ist denn die Mama von dem Baby?«

Mein Sohn erklärte ihm einiges, dass seine Mama auch die Mama von dem Baby ist. Das musste er erstmal verarbeiten. Er stellte die Frage nochmal. Da zeigte meine Schwiegertochter ihren Bauch, der jetzt flach war und sagte ihm, dass das Baby jetzt geboren ist. Das hatte er verstanden. Wir wollten die kleine Familie erstmal alleine lassen und vereinbarten einen Termin für Anfang des Jahres nach Freiburg zu kommen.

Endlich konnte ich auch neue Hörgeräte beantragen, denn man soll 6 Monate warten, nach der letzten Chemo. Dies nahm auch eine Zeit in Anspruch. Ich war froh, endlich wieder richtig versorgt zu sein mit meinem Gehör.

Weihnachten und Silvester waren vorüber.

Meine Nachsorge wurde vorgenommen. Sonographie unauffällig. Mein Tumormarker war noch leicht erhöht, aber immer noch war von einer Entzündung die Rede. Da habe ich in der Zeitung gelesen, der Professor, der mich operiert, die Whipple OP, hatte eine Hotline.

Da kommst du sowieso nicht durch, sagte meine Stimme NEGA.

Vielleicht solltest du es versuchen, meldete sich meine Stimme POSI.

Ich rief an und siehe da, ich hatte den Professor in der Leitung. Freudig teilte ich ihm mit, dass ich die OP bestens überstanden habe und es mir gut geht. Zur Zeit ist allerdings der Tumormarker erhöht und das man auch von einer Entzündung ausgeht. Das bestätigte er mir dann auch mit dem, Hinweis, dass ich ihn jederzeit anrufen kann. Ich bedankte mich und war erleichtert. Kurz darauf, einige Tage später, rief mich mein Onkologe an.

Als ich begriff, dass tatsächlich mein Onkologe ist, sagte er: »Es ist etwas passiert.«

»Nein, es ist nichts passiert,« erwiderte ich.

»Doch, Sie müssen zum CT, ich mache Ihnen einen Überweisungsschein abholfertig.«

Wieder ging es dort erstmal um Kontrastmittel und ich bekam etwas zu trinken, das verursacht kein Erbrechen. Ich hatte um ein Kurzgespräch gebeten, der Arzt rief mich auf. Kein Rezidiv im Bauchrauch, Pankreas in Ordnung.

Aber in der Lunge, die etwas zu sehen war, bei den Aufnahmen, beidseitig suspekte Herde. Es sind Metastasen vorhanden. Das traf mich wie ein Schlag. Ich war wie versteinert, jetzt also doch. Jetzt ist alles vorbei.

Das war's, dachte ich zum 2. Mal. Der Arzt sah meine Reaktion und verwies daraufhin, dass die Lungenflügel noch genauer untersucht werden müssen, mit einem gesamten CT.

Ehe ich zu meinem Mann ging, der auf mich wartete, Gin ich auf die Toilette und weinte. Auch er war geschockt, als ich es ihm mitteilte. Ich sagte nur, wir müssen der Tatsache ins Auge sehen. Ich dacht, ich sterbe bald.

Wir holten einen Überweisungsschein für CT Thorax. Eine Mitteilung war schon online beim Onkologen eingetroffen. In der Radiologie war man erstaunt, mich schon wieder zu sehen.

»Es geht um Metastasen in der Lungen«, sagte ich und es eilt. Die Dame ging zur Absprache zu einer Kollegin und kam zurück. Wenn sie Zeit mitbringen, dann macht meine Kollegin es morgen, war ihre Nachricht. Nichts einfacher als das.

Nach dem CT zeigt mir der Radiologe auf dem Monitor beide Lungenflügel, die Metastasen befallen waren, er ließ sie alle aufblitzen. Es war erschreckend.

Das war's, dachte ich erneut. Es ist das Ende. Alles aus! Ich fiel in einen Abgrund. Sagt man doch immer, Metastasen sind tödlich. Soll jetzt alles vorbei sein. Leere überfiel mich. Ich darf doch noch nicht gehen. Ich kann meinen Mann doch nicht alleine lassen.

Da kam POSI allmählich zu sich mit dem Hinweis, nun warte doch bei ihm und er konnte es eigentlich auch nicht fassen, meistens streut es in die Leber. Er machte einen Vertrag fertig und es gibt 6 Kurse Chemotherapie mit FOLFIrinOx.

Er machte mich auf die Nebenwirkungen aufmerksam, die Medizin ist kälteeimpfindlich, nichts altes Essen, kein es. Auch nicht in den Kühlschrank fassen und es gibt Sensibilität in Händen und Füssen, kribbeln, vorsichtig gehen. Für 48 Stunden gibt es noch eine Pumpe um den Hals für zuhause und die ich dann dort wieder abgebe.

Um die richtige Dosis der Medikamente festzusetzen, fragte er nach meinem Alter. Ich sagte es ihm und fügte hinzu: »Ich will aber noch eben. Ich kann doch meinen Mann nicht alleine lasen!« Er lächelte und erklärte mir seine Frage im Zusammenhang mit der Dosierung.

5 Tage später hatte ich den ersten Termin zur Chemo. Ich ging vorher noch zum Friseur, um die Haare ganz kurz schneiden zu lassen, falls sie ausfallen sollten, da dies bei der Zusammensetzung der Chemo möglich ist. Es war mir egal, eigentlich Nebensache, die wachsen ja wieder und es gab eine Perücke. Die Reaktionen auf meinen kurzen Haarschnitt waren positiv. Eigentlich sieht es auch gut aus, meinten alle, die mich sahen.

Dann sprach plötzlich alle nur von der Corona-Pandemie. Ich als Risikopatient sollte sehr vorsichtig sein, mich sehr vorsichtig sein, mich sehr in acht nehmen, keine Menschenansammlungen, keine Marktbesuche mehr. Aber am schlimmsten war, dass ich nicht nach Freiburg konnte und durfte.

Erstens wegen der Chemotherapie, zweitens wegen Corona. Es war an der Zeit meinem Sohn von allem zu berichten.

Wie man sagt, ein Schlag in das Kontor. Er war fassungslos, gab mir aber den entsprechenden Trost, abwarten was die Chemo ausrichtet. Der Onkologe sagte mir doch, er habe schon Erfolge verzeichnen können mit dieser Chemo.

Die erste Chemo begann. 6 Stunden waren es. Von 8:30 h bis 10:00 Uhr gab es Beutel gegen Nebenwirkungen. Es waren drei oder vier.

Dann kam die sogenannte Therapie, 2 große Beutel und danach nochmal kleinere, die habe ich nicht mehr gezählt. Eine Spritze in den Bauch gegen Baukrämpfe und zum Schluss die Pumpe um den Hals, die ich dann in zwei Tagen wieder abgeben muss.

Alle Termine hatte ich meinem Taxifahrer gegeben, den ich schon so lange kenne, durch die Flughafenfahrten in Denia. Er ist zuverlässig und sehr freundlich und hilfreich, wir kommen sehr gut miteinander aus.

Zuhause angekommen erstmal Kaffeetrinken mit meinem Mann abends nach der Chemo einen Eintopf, den ich schon vorher zubereitet habe.

Ich musste Handschuhe und dicke Socken gegen die Kälteempfindlichkeit anziehen. Selbst der Wasserhahn ist zu kalt zum Anfassen. In der Nacht konnte ich nur 3 Stunden schlafen und mittags auch 2 Stunden Schlaf. Ich kochte immer, auch bereitete ich immer eine Mahlzeit vor, die ich erstmal einfror, das geht dann einfacher.

Da ich von dem Pankreastumor nur die Wenigsten in Kenntnis gesetzt hatte und nur von einer großen OP gesprochen habe, wollte ich diesmal meinen Hauswirt und meiner Nachbarin berichten.

Meine Nachbarin sagte daraufhin, dass ihr Vater 2-mal Blasenkrebs hatte, und danach auch Metastasen in der Lunge durch eine Chemo wurden die Metastasen vollständig beseitigt. Das war es, was man gerne hört. Es ist schon möglich, dieses verdammten Dinger loszuwerden. Das machte Mut.

Meine Hausärztin erhielt ein Schreiben von meinem Onkologen, unter anderem darüber, dass ich eine palliative Therapie erhalte.

Also doch, keine Aussicht auf Heilung.

Ich war zerstört, geht s jetzt doch alles dem Ende zu? Das war die Stimme NEGA. Das darf doch nicht sein.

POSI meldete sich: »Nun warte es doch erstmal ab. Hat Simone Heintze nicht gesagt, dass du schon viele Wunder erlebt hast.«

Damit tröstete ich mich erstmal. Durch meine täglichen Gebete zu Gott fand ich auch den entsprechenden Trost.

Mein Sohn äußerte daraufhin, dass der Onkologe die Therapie nicht als kurativ bewerten könne. Man müsse sehen, was die Chemo bringe, wie erfolgreich sie verläuft. Das hatte ich dann auch eingesehen.

Da kam ich auf die Idee den Professor anzurufen. Er sagte doch, dass ich ihn jederzeit anrufen kann. Ich gab mir einen Ruck und wählte die Telefonnummer. Die Sekretärin war am anderen Ende der Leitung und sagte mir, dass der Doktor noch operiert, aber er würde sich bei mir melden.

Ich sagte noch, dass der Professor mir erlaubt habe, ihn anzurufen. Die Antwort war, dass ich das darf, er wird sich melden.

Ich dachte schon nicht mehr daran, als abends zum 19:00 h das Telefon klingelte und der Professor dran war. Ich erzählte ihm, dass ich Metastasen in der Lunge habe und ich ihn schonmal angerufen habe, weil er mich operiert hat. Er hörte sich alles an und fragte, ob ich wüsste, welche Medikamente in der Therapie verwendet wurden.

Da ich die Rechnung der Zuzahlung gerade griffbereit hatte, konnte ich ihm die Zusammensetzung nennen. Das ist das Beste, was es zur Zeit gibt, war seine Antwort. Er wünschte mir alles Gute mit dem Hinweis, dass ihn jederzeit wieder anrufen kann. Das gab mir Kraft.

18. Wieder ein Schrecken

Es war so weit, ich musste wieder zum CT.

Die 6. Therapie war durch. Es war mir wieder mulmig zumute. Was wird jetzt auf mich zukommen.

Der Radiologe sagte mir danach, die Metastasen wären kleiner geworden. Ich war erleichtert. Eine Woche später war die Besprechung bei meinem Onkologen. Die Metastasen sind kleiner geworden, um die Hälfte, sie sind fast weg. Keine neuen Herdbefunde, der Tumormarker rückläufig, sogar erheblich. Ich wäre ihm beinahe um den Hals gefallen vor Freude. Die Therapie wird weiter geführt. Die Aussicht bestand, die verdammten Metastasen loszuwerden, das macht Mut.

Eines Tages wurden mit plötzlich schwindelig, sehr erheblich. Ich musste aufpassen, um nicht zu stürzen. Ich hatte noch *Vertigo Heel* zuhause, da sie homöopathisch sind, nahm ich sie unbedenklich ein und ließ mir einen Termin geben beim Onkologen nach der Therapie. Er schaute mich besorgt an. Wenn Hirnmetastasen vorliegen, kann er nicht behandeln. Um dies abzuklären ein CT.

Im Therapieraum sagte ich zu meiner Nachbarin, dass ich das nicht verkrafte und dachte an das junge

Mädchen von der Reha, sie musste das alles erleiden.

Dann muss ich mir auch psychologische Hilfe hinzunehmen, das ist zu viel für mich«, sagte ich. Sie ließ sich auch bei einer Psychologin behandeln und es hatte ihr auch geholfen.

Beim CT ging es wieder um Kontrastmittel, Unverträglichkeit mit Erbrechen war meine Mitteilung. So wurde ein CT ohne Kontrastmittel gemacht. Im anschließenden Gespräch stellte sich heraus, dass alles in Ordnung ist, kein Aneurysma, keine Wassereinlagerungen, keine Schwellungen. Ich fragte, ob Metastasen vorhanden seien.

Die Antwort war, er könne es nicht ausschließen, da man diese nur mit Kontrastmittel sieht.

Ich wusste nicht mehr, was ich sagen sollte. »Wenn das erforderlich ist, dann muss man mir ein Gegenmittel geben vor dem CT«, sagte ich.

Der Onkologe wollte doch wissen, ob Metastasen vorhanden ist. Jetzt war alles vergebens.

Enttäuscht und voller Wut ließ ich mich von meinem Taxifahrer abholen. Ich kaufte mir noch einen Burger, den ich dann zuhause verspeisen wurde. Ich war immerhin noch nüchtern, ohne Frühstück.

Eine Woche später hatte ich dann die Besprechung mit meinem Onkologen. Direkt nach der Therapie. Ich sagte noch zu der Assistentin, dass ich Angst habe, was nun auf mich zukommt.

Sie sagte leise: »Es sieht gut aus, gehen Sie rein.« Oh, sollte es so sein, dachte ich.

Der Onkologe saß zufrieden auf seinem Platz und schaute mich entspannt an. Er erzählte mir die genauen Ergebnisse des CTs. Es war alles positiv. Ein Stein, eine Felsgruppe fiel mir vom Herzen. Von Metastasen war keine Rede mehr.

Die Tabletten sollte ich weiter einnehmen und ich sagte noch, dass ich Übungen mache, wenn ich aufstehe, die mir im Internet herausgesucht habe.

Wie es der Zufall manchmal so will, war eines Tages ein Artikel in der westdeutschen Zeitung über Schwindel. Die Beschreibung fiel genau auf mich zu. Es waren die Kristalle im Ohr, die sich gelöst hatten und durch die Übungen finden sie wieder ihren Platz. Die Erleichterung, nun wusste ich, was es war. Keine Hirnmetastase. Das wäre zu viel für mich gewesen. Dank an Gott im Gebet.

Die Therapie ging weiter, jetzt mit Unterbrechungen wegen schlechten Leukozyten- und Trombosewerten.

Es waren manchmal vier Wochen Pause dadurch. Ich hatte auch sehr unter Durchfall zu leiden. Da bekam ich ein Medikament verordnet. Es ging mir mal wieder sehr schlecht.

Ich ging nach jedem Frühstück wieder in Bett und da überfielen mich grausige Gedanken. Was ist, wenn du nicht mehr zuhause sein kannst, wenn ich mich nicht mehr versorgen kann. Stirbt man mit großen Schmerzen? Ich fühlte mich wie ein Häufchen Elend. Kraftlos, schlapp, eine Energie. Die Gedanken reisten in alle Richtungen.

Die Stimme NEGA hatte mich voll im Griff. Stimme POSI kommt nicht dagegen an, meine Hände kribbeln, die Fingerspitzen sind gefühllos, eiskalt. Heute sind die Nebenwirkenungen wieder echt schlimm. Werde ich ein Pflegefall? Muss ich ins Hospiz? Die Gedanken kreisen um meinen Zustand. Man sagt, wenn die Metastasen streuen, bleibt nicht viel Lebenszeit. Ich will doch leben, darf meinen Mann nicht alleine lassen und ich möchte mich noch mit Enkelchen freuen.

Aber der Krebs, dieses verdammte Monster, nimmt keine Rücksicht. Ich betete zu Gott, er möge mich doch noch am Leben halten, ich vertraute ihm.

Dadurch beruhigte ich mich und Stimme POSI meldete sich bei mir, um zu sagen, du hast noch Perspektiven.

Ich hatte gerade die 4. Therapie und musste zum CT. Der Onkologe hatte die Dosis der Medikamente reduziert wegen der schlechten Blutwerte.

Der Radiologe sagte mir nach dem CT: »Unverändert!«

Ich war geknickt und enttäuscht. Der vertraute Taxifahrer sagte mir, hauptsächlich kein Fortschreiten der Metastasen. Er wollte mich trösten.

So hatte ich es auch noch nicht gesehen. Mal sehen, was der Onkologe sagte. Er war tatsächlich zufrieden, ein stabiler Befund, ohne Progredienz, ohne weitere Regredienz der Herde. Also kein Fortschreiten der Metastasen.

Zwei Therapien finden noch statt und dann gibt es eine Intervallpause. Meine Frage, ob er die beiden Therapien mit erhöhter Dosis vornehmen kann, beantwortete er mit einem energischen: »Nein, auf keinen Fall, das Rückenmark reagiert mit noch schlechteren Werten.

Daraufhin sagte ich ihm, dass ich stark sei und Kraft habe.

»Das weiss ich und nun gehen Sie in die Sonne.«

Im Dezember soll ein CT stattfinden und bis dahin Intervallpause.

Mein Sohn hat angerufen und da wollte mich mein Enkel sprechen: »Oma, wann kommst du mich besuchen?«, fragte er.

»Ich bin krank«, sagte ich ihm.

»Die andere Oma ist aber gesund. Ist Opa auch krank?«, wollte er wissen.

Ich verneinte seine Frage und füge hinzu, dass sein Opa mir hilft. Er fragte: »Was hilft er dir denn?« Es war zum Kugeln. Dann sagte ich ihm, dass er uns ja bald besucht. Und so war dann. Trotz Corona konnten sie uns besuchen. Wir machten alles im Garten.

Es war herrlich, wir konnten endlich den kleinen Enkel sehen. Enkel 1 hatte sich verändert. Da sieht man, wie die Zeit vergeht.

Wir gingen an die ,Wupper, unsere Enkel nahmen uns an der Hand. Ich hatte einen großen Imbiss vorbereitet, Linsenbratlinge, Hackbällchen, Käse, Weintrauben usw. Der Tag verging im Sause- schritt. Wir waren alle erfreut und zufrieden, so ein schöner Tag war es für uns alle. Davon kann man zehren.

Ich machte bei meiner Hausärztin einen Termin, um verschiedene Blutwerte zu ermitteln, Vitamine und Mineralien, die in der normaler Ermittlungen nicht vorgesehen sind. Vitamin D sei sehr wichtig für Krebspatienten und fast jeder ist damit unterversorgt. Der Tumormarker gab ich auch mit an. Das Ergebnis war, der Tumormarker war wieder angestiegen. Vier Wochen vorher war es niedriger.

Am 12.10. hatte ich die letzte Therapie und Geburtstag. Als ich zuhause war, gab es ein Stück Schwarzwälder Kirschtorte. Am Abend gab es wie immer einen Eintopf, Linsensuppe. Ein leckeres Geburtstagsmenü verschoben wir auf das Wochenende.

Zu meinem Geburtstag bekam ich Post aus Freiburg, eine lustige Kritzelkarte von meinen Enkeln. Brief und Karte von der gesamten Familie. Mein Sohn sagte mir, dass ich ruhig mal traurig sein kann. Ich muss nicht immer stark sein. So sammelt mein Körper auch wieder Kraft und noch ist alles offen, wir müssen gemeinsam auf das Ergebnis hoffen.

Für den Körper ist es eine Tortur, die anstrengenden Monate der Therapie, die Erschöpfung und die Angst, da darf man auch mal traurig sein. Vielleicht gibt es noch eine Zeit ohne Metastasen und deshalb lohnt sich das alles. Wir haben noch allen Grund zu hoffen. Das sind Worte, die aufbauen und geben wir Kraft. Es ist ein Medikament für die Seele.

Am nächsten Tag hatte ich Besprechung mit meinem Onkologen. Er gratulierte mir noch zum Geburtstag. Ich zeigte ihm den erhöhten Tumormarker. Da hat er sofort reagiert und CT angeordnet. Am 2.1. bekam ich den Termin.

Der Radiologe nahm sich Zeit, für ein Kurzgespräch. Ein Getränk musste ich allerdings diesmal trinken, aber ich hatte es vertragen. Es garantiert genauere Aufnahmen, da der gesamte Bauchraum in Betracht kam. Er sagte mir, dass der gesamte Bauchraum frei sei und auch die Lymphgefäße. Die Metastasen waren allerdings unverändert. Es sei alles positiv zu bewerten, kein Fortschreiten der Krankheit. Darauf antwortete ich, dass mein Onkologe gesagt hat, die Metastasen gehen wohl nicht mehr weg.

»Das weiss Ihr Arzt auch nicht.«, war seine Antwort.

Eine Woche später hatte ich eine Besprechung mit meinem Onkologen. Er war zufrieden mit dem Ergebnis und machte mir den Vorschlag, eine Intervallpause bis Januar, dann ein CT und die Entscheidung, wie es weitergeht. Ich wollte schon zustimmen, aber da kam der Einwand, der der Tumormarker doch wieder gestiegen sei, und das alle 4 Wochen. Bis Januar waren es 3 Monate ohne Behandlung, da befürchtete ich, dass es sich verschlechterte, daraufhin sagte er: »Also wollen Sie anfangen und jetzt schon weitermachen?«

Ich bejahte die Frage. Er zeigt mir ein dickes Buch, neu erschienen für Onkologie und schlug die Seite der Pankreas auf. Dort standen die Medikamente, die für die Chemo angewandt wurden.

Zwei aufgeführte Beispiele hatte ich in den letzten zwei Jahren schon bekommen. Er sagte mir, es muss unbedingt darauf geachtet werden, dass das Rückenmark nicht geschädigt wird.

Zuständig für die Produktion der Blutkörperchen. Er schlug mir dann eine Chemo vor mit noch einem Zusatzstoff. Er war Gemcitabin und Abraxane. Bereits in der anderen Woche hatte ich die erste Chemo damit.

Ich war schon besorgt, da die Nebenwirkungen von Abraxane auf drei Seiten beschrieben wurden. Hoffentlich konnte ich das ertragen, aber ich wollte doch erreichen, dass die Biester von Metastasen doch noch verschwinden.

Lieber jetzt etwas versuchen als erst im Januar. Abbrechen konnte ich immer noch. Ich besorgte mir schonmal Zinkcreme und Weihrauchcreme, falls es zu einem Ausschlag kommen sollte.

Seit drei Tagen habe ich die erste Chemo hinter mir. Bis jetzt bin ich aufgedreht, wenig Schlaf, aber das belastet mich nicht. Die Hautrötungen im Gesicht waren sofort da und ich konnte diese gleich behandeln mit Erfolg.

19. Amerika hat gewählt

Joe Biden hat die Präsidentschaftswahl gewonnen. Was mich sehr bewegt hat, ist sein persönliches Schicksal. Es ist sehr ergreifend, er muste unglaublich viel einstecken. 1972 kamen bei einem Autounfall seine erste Frau und seine kleine Tochter ums Leben. Die beiden Söhne haben überlebt. Hunter Biden und Beau Biden. Im Alter von nur 46 Jahren erlag Beau Biden einem Hirntumor. Beau Biden hatte eine Lieblingsband, Coldplay.

Chris Martin, der Sänger der Band, war bei der Beisetzung aufgetreten und sang dort den Song »Till kingdom come«

Joe Biden zitierte in seiner Siegesrede aus dem katholischen Choral.

Und er wird auf Adlerflügeln erheben, dich in Morgengraue tragen, dich wie die Sonne scheinen lassen und dich in seiner Hand halten.

Dies war der allerliebste Kirchenchoral seines Sohnes. Nach seiner Siegesrede gedachte Joe Biden seinem verstorbenen Sohn Beau mit einem besonderen Song »Sky full of stars«

Biden dachte und feierte mit seinem Sohn bei dem Feuerwerk.

Joe Biden schrieb ein Buch, versprich mir, Hoffnung am Rande des Abgrunds.

Beau sagte zu seinem Vater: »Dad, schau mich an, ich komme klar, was auch und passiert, das versprech ich dir. Er hatte seinen Frieden gemacht, dass er sterben wird. Doch er hatte noch einen Wunsch: Versprich mir Dad, dass du klar kommst, ganz egal was passiert, versprich es mir!«

So heißt auch das Buch, dass Biden geschrieben. Es hat mich sehr ergriffen, was ich da erfahren habe.

20. Nebenwirkungen der Chemo

Ich habe die 2. Chemo hinter mir, sie ist sehr anstrengend. Nachdem ich gegen die Schmerzen einen neuen Medikamentenplan bekam, hat sich das gelegt. Die Schmerzen waren wie mit Stricknadeln in den Körper gepikst. Aber Hände und Füße schmerzten immer noch. Es wurde erst nach einiger Zeit besser. Die Chemo wird eine Woche ausgesetzt, nur die Blutwerte wurden kontrolliert. In der folgenden Woche noch einmal und dann entscheidet sich, ob eine weitere Chemo stattfindet.

Plötzlich spürte ich extreme Frostigkeit.

Wir waren kurz etwas erledigen. Es hat mich so fertig gemacht. Ich war steif vor Schmerzen und am Zittern. Ich konnte absolut nichts machen. Das hielt den ganzen Tag an. Ich ging in Bett wegen der Wärme.

Am anderen Tag war alles wieder gut. Zwei Tage später wieder das Gleiche. Ich hatte mich mittags in Bett gelegt, musste zur Toilette und es ging auch schon los. Dieses Mal hatte ich es schneller wieder in den Griff bekommen. Habe dann mal im Internet recherchiert und gelesen, dass viele Patienten, die Chemo erhielten, davon betroffen sind. Tipps sind nur, Wärme, Wärme und nochmals Wärme. Ist es kälter als 16 Grad und die Körpertemperatur sinkt, will der Körper die Temperatur wieder hochfahren und fängt an zu zittern.

Ich habe meine Ernährung umgestellt. Ich esse keinen Zucker mehr. Es gibt Alternativen, z.b. Birkenzucker und Agavendicksaft. Ich verwende kein Weizenmehl mehr, dafür Dinkelmehl. Viel Gemüse, grünes Gemüse, Brokkoli und Kohlsorten in aller Vielfalt. Obst ist sehr wichtig; Apfel, Banane, Orangen usw. Wenig Fleisch, meistens Geflügel. Viel Nüsse, gute Öle, wie Leinöl, Olivenöl. Omega3 Fettsäuren sind sehr wichtig. Sehr oft fetten Fisch, dort sind sie enthalten.

21. Bücher über Krebs

Ich habe mir durch meinen Sohn Bücher bestellen lassen. Ich wollte mehr wissen über Krebs. Ich wollte wissen, wie man damit umgeht. Folgende Bücher haben mich sehr beeindruckt:

Leben mit Krebs. Anti Krebs Buch
 von David Serve Schreiber.

Leben trotz Krebs. Eine Farbe mehr
 von Elmar Reuter.

Es waren Interviews zu einem Gelingen des Lebens nach dem Krebs. Er verfasst mit Beispielen verschiedener Krebserkrankungen, was man medizinisch gemacht hat und wie es weiter ging. Aber am meisten interessierte mich die Frage:
 »Was meinen Sie hat bei ihnen der Krebs ausgelöst?« Diese Frage stellte er jedem Patienten. Die Antworten waren meistens, durch Stress, zu viel Belastungen, das eigene ich nicht mehr zu beachten. Jedem alles Recht zu machen, nicht in der Lage zu sein, nein zu sagen. Nicht mehr in der Lage sein die Bewältigung von Lebenssituationen.

Unglaublich, was Dr. Reuter da erläutert. Es geht um Psychologie. Sie ist eine empirische Wissenschaft.

Ihr Ziel ist es, menschliches Erleben und Verhalten, deren Entwicklung im Laufe des Lebens sowie alle dafür maßgeblichen inneren und äußeren und Bedingungen zu beschreiben.

Stress kann nicht nur Krebs auslösen, er fördert auch das Wachstum und die Vielfältigkeit von Krebszellen. Depressionen können Krebs auslösen. Fällt man in das tiefe schwarze Loch, kommt man alleine nicht mehr heraus. Man braucht Hilfe, der Onkologe wird einen Schein ausstellen für Psychologie und die meisten Kassen übernehmen die Kosten.

Ich habe es erlebt während der Therapie. Neben mir weinte eine Frau sehr viel. Sie nahm Hilfe in Anspruch. Das Ergebnis lag auf der Hand. Nach einigen Sitzungen war sie wie ausgewechselt. Mir selbst hat es sehr geholfen mit meiner Familie über alles zu reden und die Erfahrungen zu lesen, die andere in ihrer Situation gemacht haben. Die innere Einstellung, das positive Denken, gestärkt sein, das sind gute Voraussetzungen. Ich schwanke nicht mehr von einem Extrem ins andere.

Auch wenn das nächste CT wieder aussagt, Metastasen unverändert, wichtig ist, dass die Krankheit nicht fortschreitet. Dass der Bauchraum frei bleibt und die Lymphgefäße. Viele Menschen leben mit ihrem Krebs und das wäre schon Hilfe für mich, noch zu leben. Jeden Morgen begrüße ich meinen Mann mit den Worten: Da sind wir wieder. Gott sei Dank! Auch wenn ich Beschwerden habe, ich lebe noch. Es beschäftigte mich die Frage, die Elmar Reuter jedem stellt: Was hat der Krebs bei ihnen ausgelöst?

Schon früh während meiner Krebserkrankungen fing ich an, über mich nachzudenken, bzw. mein Umfeld, alles, was mich betrifft. Ich hatte eine sehr dominante Mutter. Was sie sagte, musste gemacht werden.

Obwohl ich verheiratet bin und einen Sohn habe, wollte sie immer bestimmen, was ich zu tun habe. Da wir ein erschütterndes Erlebnis in der Familie hinnehmen mussten, als mein Bruder mit 16 Jahren durch einen Verkehrsunfall unschuldig ums Leben kam, war ich die Stütze meiner Mutter. Ich ließ alles zu, was sie sagte, es gab keine Widerworte.

Jetzt saß ich zwischen 2 Stühlen. Im Laufe der Jahre wurde der Druck immer heftiger. Sie erkrankte an Diabetes und da wir nicht mehr zusammen wohnten, weil wir nicht mehr zusammen wohnten, weil wir nach Wuppertal umgezogen sind, wegen des Arbeitsplatzes meines Mannes. Es ging und geht uns gut hier. Mein Sohn konnte in Dortmund studieren und die S-Bahn ist eine schnelle Verbindung zwischen Wuppertal und Dortmund.

Meine Mutter wollte, dass ich zu ihr kam, sie pflegen. Das war unmöglich. Sie musste rund um die Uhr versorgt werden, es musste immer einer da sein, auch nachts. Ich muss meine Hörgeräte aus den Ohren nehmen und ich hatte Fybromalgie, immer Schmerzen.

Sie hatte einen Pflegedienst. Ich besuchte sie regelmäßig. Wenn sie sich auf mich stützte, fiel ich um. An die Ernährung hat sie sich überhaupt nicht gehalten. Der Zucker stieg und sie musste ins Krankenhaus. Wir sind sofort hingefahren. Der Arzt sagte, dass ich mich um einen Heimplatz bemühen soll. Durch eine Nachbarin habe ich auch einen Heimplatz gefunden. Sie wollte aber, dass ich sie pflegen sollte. Das war unmöglich, das wäre mein Untergang geworden.

8 Monate hatte ich durchstehen müssen, mit allem Leid, dass mir zugefügt wurde. Ich tat alles,

was ich tun konnte. Habe auch finanziell dazu bei-
getragen für das Pflegeheim.

Meine Mutter ließ sich durch Besucher Ernährung mitbringen, die sie nicht essen darf. Weintrauben, fette Wurst, Schokolade usw. Das Heim hat
mich angerufen, dass ich das unterbinden soll.
Meine Mutter wurde immer garstiger zur mir. Bis
eines Tages, das war der letzte Tag, an dem ich sie
gesehen habe, war sie ruhig und freundlich.

Wir redeten über ihren Kater, den ich in Wuppertal versorgt. Aber er war so krank, konnte vor
Schmerzen nicht laufen und der Tierarzt sagte, es
wäre eine Erlösung ihn einzuschläfern.

Ich weiß noch, wie ich ein Köpfchen gehalten
hatte, als er die Spritze bekam. Er sah mich an und
miaute, als wolle er sich bedanken, dass er erlöst
wurde. Das musst ich erstmal verdauen.

Ich war gerade wieder in Wuppertal, als ich die
Nachricht bekam, dass meine Mutter im Krankenhaus verstorben ist. Eine Wahnsinnsstille überkam
mich. Es dauerte lange, bis ich mich mit der Situation abgefunden habe. Ich habe es geschafft, mit
meiner Mutter Frieden zu schließen. Ich hatte alles
gemacht, was ich tun konnte, das gab mir den Halt.

Das ist nun 10 Jahre her. Aber möglicherweise die Strapazen der erlebten Zeit, die sich im Inneren befindet, ist nicht auszulöschen.

22. Rückblick, merkwürdige Träume

Als mein Bruder verstarb, hatte ich merkwürdige Träume. Ich suchte ihn ständig. Lief im Haus umher, öffnete jeden Raum, um nachzuschauen, ob er dort ist. Da sah ich ihn auf dem Bett sitzen und er strahlte mich an. Ich freute mich und sagte: »Da bist du ja, ich habe dich überall gesucht, endlich habe ich dich gefunden.«

Ich wollte ihn anfassen, aber da wurde ich sofort wach. Ein anderes Mal war ich im Garten am Gartenzaun. Da kam mein Bruder am Gartenzaun vorbeigefahren. Ich freute mich wieder und sagte, dass ich ihn überall suche. Ich wollte ihn anfassen, wurde aber sofort wach. Die Träume sind nicht mehr wiedergekehrt; ich hatte ihn gefunden. Schon sehr merkwürdige Träume. Was unser Unterbewusstsein uns damit wohl manches Mal sagen möchte?

An einen weiteren, ungewöhnlichen Traum erinnere ich mich noch sehr genau.

Es war das Jahr 2000, mein Sohn ging mit einem Freund nach Amerika, um dort zu studieren. Am Ende des Jahres kauften sie sich ein großes Auto, in dem sie auch schlafen konnten. Sie hatten sich ein Tour durch Amerika erarbeitet, um möglichst viele

Staaten zu durchqueren. Ich weiß noch, als er mich anrief und sagte, Mama ich habe die Rocky Mountains gesehen. Große Begeisterung war in seiner Stimme.

In der Nacht sah ich im Traum, wie er die Berge durchgefahren ist. Ich wurde ängstlich, es könne etwas passieren.

Da stand mein Sohn an meinem Bett und fasste mich an die Schulter und sagte: »Mama, hab keine Angst, es geht mir gut.«

Ich habe genau seine Stimme gehört, da wurde ich wach. Ich hätte schworen können, dass er an meinem Bett gestanden hat und mich angefasst hat.

Als er dann aus Amerika zurückkam, war er noch kurz bevor auf dem World Trade Center in New York.

Am 11. September war der Anschlag auf die Türme. Als ein Freund meines Sohnes angerufen hat, er soll das TV einschalten, war wir alle erschüttert und mein Sohn wollte erstmal alleine sein. Er hatte kurz zuvor noch auf den Türmen gestanden.

23. Wieder Chemo

Ich war wieder zur Blutkontrolle, es sollte nun nach 2 Wochen Pause, die durch die Blutkontrolle entstanden ist, wieder eine Therapie bekommen. Aber die Blutwerte sind wieder gefallen. Nun nochmal Kontrolle am 21.12. und evtl. am Dienstag Chemo, zwei Tage vor Heiligabend. Aber das machte mir nichts aus. In den ersten Tagen nach er Chemo bin ich sowieso aufgedreht und die Vorbereitungen für Weihnachten sicht nicht allzu viel.

Wegen Corona haben wir uns mit meinem Sohn geeinigt, das Weihnachtsfest getrennt zu feiern. Nun sind die Maßnahmen noch stärker eingeschränkt. In Freiburg ist Ausgangssperre.

Wir haben uns richtig entschieden und die Aussicht besteht, dass wir nächsten Jahr wieder zusammen feiern können. Mein Sohn ist mit seiner Familie in den Wald gefahren und dort haben sie einen schönen Weihnachtsbaum mitnehmen können. Das war was für die Kleinen. Der Baum wurde dann auch aufgestellt. Ich fragte, wie die Enkel denn reagiert haben?

»Die haben nur Unsinn im Kopf«, sagte mein Sohn.

»Aber die freuen sich doch«, sagte ich.

»Ja klar, sie freuen sich.«

Was meine Chemo und Therapie betrifft, hoffe ich natürlich, dass die Metastasen noch zurückgehen. Sollte es nicht so sein, ist es schon positiv, wenn der Bauraum frei bleibt und die Krankheit nicht weiter fortschreitet. Ich muss mich dann auf ein Leben mit Krebs einstellen. Viele Krebspatienten leben so noch, es ist möglich. Vor allem habe ich keine Angst, ich bin gefestigt und das ist eine gute Voraussetzung, die innere Ruhe.

Ich denke an das Zitat von Antoine de Saint-Exupery:

Der kleine Prinz fragt die Rose: »Hast du Angst vor dem Tod?«

Darauf antwortete die Rose: »Aber nein, ich habe geblüht und meine Kräfte eingesetzt so viel ich konnte und Liebe tausendfach verschenkt, kehrt wieder zurück zu dem, der sie gegeben hat.«

So will ich warten auf das neue Leben und Angst und Verzagen verblühen.

Am 21.12. war ich zur Blutkontrolle.

Die Assistentin sagte, nur Kontrolle, keine Therapie morgen. Sie haben doch noch gar nicht kontrolliert, sagte ich. Darauf antwortete sie, der Doktor hat es im Vorfeld entschieden, die Werte sollen sich noch besser erholen. Das ist auf gut, dann kann ich die Feiertage besser überstehen.

Leukozyten und Thrombozyten sind gestiegen, aber Hämoglobin stark gefallen.

Ich verabschiedete mich und bekam den nächsten Termin Anfang Januar 2021.

Zuhause habe ich die Apotheke angerufen und mir einige Säfte bestellt, die gegen Blutarmut helfen können. Deshalb bin ich auch ohne Kräfte und so schwach. Mal sehen, was ich erreichen kann. Sind ja noch einige Tage bis dahin.

Ich frage mich, was kommt noch? Ich weiß es nicht!

24. Über die Autorin

Ich wurde 1946 in Kassel geboren. Nach dem Schulabschluss begann ich in der Documenta-Stadt eine kaufmännische Lehre, die ich erfolgreich abschloss und war einige Jahre in einer Kunsthandlung tätig.

1984 zogen wir nach Wuppertal. Mein Mann war rund um die Uhr für die Firma im Einsatz, so dass ich für Haus, Hof und Garten zuständig war. Alles, was sich zu Hause abspielte, war meine Aufgabe. Vor allem war unser Sohn nie alleine. Ich war immer für ihn da. Das hat gute Früchte getragen.

25. Danksagung

Ich danke der Helios-Klinik in Wuppertal Barmen, Herrn Professor Dr. Zirngibel, dem Chefarzt Dr. Diepken, und Oberarzt Dr. Zimmermann, den Oberärzten, Ärzten und Krankenschwestern sowie Pflegern und dem medizinischen Personal.

Ich danke meiner Hausärztin Dr. Isabell Seebold.

Ich danke Herrn Dr. Heribert Strotkötter und seinem Team der Onkologischen Station.

Danke auch an meinen Taxifahrer Herrn Theo Spintios, der immer für mich da war und ist.

Wenn eines Tages mein Lebenslicht erlischt, will ich nicht beerdigt werden, sondern meine Asche soll auf dem Montgo in Denia verstreut werden.

Anneli Schneider, im Februar 2021

Zeitfracht Medien GmbH
Ferdinand-Jühlke-Straße 7
99095 Erfurt, Deutschland
produktsicherheit@kolibri360.de